KB200605

광야, 창조의 시간

광야, 창조의 시간

지은이 | 이규현
초판 발행 | 2021. 6. 16
3쇄 | 2023. 3. 3
등록번호 | 제1988-000080호
등록된 곳 | 서울특별시 용산구 서빙고로65길 38
발행처 | 사단법인 두란노서원
영업부 | 2078-3352   FAX | 080-749-3705
출판부 | 2078-3331

책값은 뒤표지에 있습니다.
ISBN 978-89-531-4024-0 03230

독자의 의견을 기다립니다.
tpress@duranno.com   www.duranno.com

두란노서원은 바울 사도가 3차 전도여행 때 에베소에서 성령 받은 제자들을 따로 세워 하나님의 말씀으로 양육
하던 장소입니다. 사도행전 19장 8-20절의 정신에 따라 첫째 목회자를 돕는 사역과 평신도를 훈련시키는 사역,
둘째 세계선교(TIM)와 문서선교(단행본·잡지) 사역, 셋째 예수문화 및 경배와 찬양 사역, 그리고 가정·상담 사역 등을
감당하고 있습니다. 1980년 12월 22일에 창립된 두란노서원은 주님 오실 때까지 이 사역들을 계속할 것입니다.

광야, 창조의 시간

이규현 지음

자유한 삶을 위한　40일 광야 영성

두란노

광야의 길에서 만나는 것

현대인들은 열심으로 살지만 불안하고, 이뤄 낸 성과에도 불구하고 지쳐 있다. 겉으로 보기에는 화려한데 영혼은 초라할 정도로 부실해져 있다. 얼굴은 환하게 웃고 있는데 영혼은 흐느끼고 있다. 여전히 배가 고프고 채워지지 않은 불만족으로 힘들어한다.

교회를 다니고 기도를 하지만 행복해 보이지 않는 신자들이 늘어났다. 종교적 열심만으로 해결되지 못하는 무엇이 있다. 사람들은 자신의 영혼의 상태를 탐독하는 능력을 잃었다. 자신의 현재 상태를 진단하지 못하는 인지부조화 증세가 만연하다. 진리에 대한 진지한 태도를 잃어버렸다. 피상적인 신앙으로 무기력함과 지루함에 빠져 있다.

영혼의 부실함은 어쩔 수 없이 돌출되어 신앙을 병들게 하고 삶을 불행하게 한다. 병든 영혼의 치유가 절실하다. 뒤죽박죽 엉킨 삶의 실타래를 풀려고 하면 광야의 시간이 필요하다.

광야는 영혼을 다루는 시간이다. 광야는 정직해지게 만드는 곳이다. 허영심과 욕망하고 있는 것들이 노출된다. 삶을 무겁게 하는 것들, 탈진을 재촉하는 것들을 제거하지 않으면 광야의 길을 걸어갈 수 없다.

누구나 광야의 길을 걸어야 한다. 선택이 아니라 필수다. 내가 원하든 원하지 않든 광야는 내게로 다가온다. 피하고 싶어도 다가온다. 광야를 대하는 태도가 중요하다. 광야는 정해진 시간이나 장소가 따로 없다. 순례자의 여정 자체가 광야다.

광야는 거친 곳이다. 광야는 사람들을 부드럽게 대하지 않는다. 불편하다. 부족하다. 때로는 혹독하다. 자칫하면 길을 잃어버릴 수 있다. 광야에는 매력적인 것이 별로 없다. 광야는 버텨 내야 한다. 광야에서 깨어짐을 경험해야 한다. 혹독한 검증을 거쳐야 한다. 광야의 단련을 거치면 영혼의 속살이 부드러워진다. 혼란 속에서 아우성치던 영혼은 고요함과 질서를 찾게 된다. 사소한 집착으로부터 벗어나야 한다. 막연한 불안으로부터 자유를 만끽해야 한다.

광야에서는 무거운 것들을 털어 내야 한다. 자신을 가볍게 만들어야 한다. 불필요한 집착들은 광야 길에 방해가 된다. 삶을 지치게 만드는 것들이 너무 많다. 탐욕으로 가득한 사람은 광야에서 낙오자로 전락하게 된다. 뿌리 깊은 허영을 걷어 내야 한다. 광야에서는 심플해야 한다. 은밀하게 숨겨 둔 것까지 털어 내야 광야의 피해자로 남지 않을 수 있다.

홀로 있는 시간은 광야다. 누구나 홀로 있을 때가 있다. 홀로 있는 시간은 반가운 일은 아니다. 그러나 성찰의 시간이다. 존재가 깊어진다. 내가 내게 말을 걸어온다. 불편한 나와 만나야 한다. 나와 나의 화해가 일어나는 시간을 거쳐야 한다. 어느 순간 광야는 영감 어린 순간으로 바뀐다. 홀로 있을 때 영성이 다듬어진다. 영혼의 질이 단단해진다. 소란스러운 세상과 거리를 둘 때만 들려오는 소리가 있다. '홀로 있기'를 거쳐야 '함께 있기'가 가능해진다.

광야에서 말을 걸어오시는 분이 있다. 광야의 신비다. 광야는 축복이다. 광야는 새롭게 태어나는 곳이다. 광야에서 하나님을 깊이 만난다. 표피적인 만남이 아니다. 의례적인 종교생활은 바닥을 긁는다. 영혼의 고갈을 해결하는 길은 광야 속에서 마주한 하나님이다. 깊이 만나야 한다. 그 품 안에서 안식을 경험해야 한다. 그때 생명력의 회복이 일어난다. 광야에서 꽃이 핀다. 삶의 활력을 되찾는다. 생명의 충만함이다.

광야를 통과하는 가운데 광야가 안겨 주는 선물이 많다. 창조의 시간이 다가온다. 흉내 내는 인생이 아닌 전혀 색다른 삶이 주어진다. 영혼의 부요를 누린다. 자유와 안식이 찾아온다. 영혼이 자유로워진다.

그동안 틈틈이 써 온 '영성의 길'을 모았다. 늘 글을 쓰는 이유는 먼저 내 영혼을 위해서다. 내가 글을 쓰지만 글이 나를 다듬어 준다. 글이 모호하면 삶도 모호해지고, 글이 간결해지면 삶도 간결해진다. 글을 쓰는 동안 내면이 정리되고 영혼은 한결 가벼워져 감을 느낀다. 글을 읽는 독자들에게 조금이라도 유익하기를 바라면서도 최고의 수혜자는 글쓴이임을 절감한다.

이 책을 위해 수고한 이들이 많다. 두란노와 수영로교회 비서실 김나빈 목사의 수고를 언급하지 않을 수 없다. 또한 글을 쓰는 일은 시간의 싸움인데, 절대 시간의 부족에서 가족들의 배려가 없었다면 이 책의 출간은 불가능했을 것이다. 늘 감사의 제목이다.

해운대에서
이규현 목사

모세는 광야 40년을 통해서 지도자로 세워졌다.

예수님은 광야에서 사탄의 유혹에 맞서 승리하셨다.

혹독한 광야를 거치며 여물어진 영혼은

모든 사람을 수용할 힘을 가진다.

나무에 물이 오르면 가지에 몽우리가 생기고 꽃이 피어나듯,

공허한 내면이 영적으로 채워지면 삶은 풍성해진다.

홀로 있지만

1장

–

광야

홀로 있지 않다

외로움에서 고독으로

하나님과 동행하려면 고독을 끌어안아야 한다.
고독은 단순히 홀로 있는 것이 아니라 하나님과의 동거다.

인정받고 싶어 하는 욕구는 본능적이다. 누구나 무대에
서 조명받기를 선망한다. 사람들은 외로움을 거부한다. 외
로움을 피하려 사람에게 집착한다. 은둔을 상실과 퇴보로
생각한다. 준비되지 않은 관계는 오래가지 않아 지친다. 현
대인들은 고독에 대처하는 법을 고안해 내기 위해 몸부림
을 친다. 현대 문화는 외로움에 대한 항거의 산물이다. 활
동적이지만 사색이 현저히 약해진 시대에 외로움이라는
병은 커져 간다.

외로움을 견뎌 낼 사람은 많지 않다. 홀로 있으면 버려지거나 무시당하고 있다는 느낌이 든다. 늘 사람들과 만나고 소란한 곳에 익숙하다면 홀로 있음은 고통이 된다. 외적인 활동에 열심인 이유는 홀로 있는 것이 두려워서일 수 있다. 사람들에 둘러싸여 있을 때는 내가 누구인지 알지 못한다. 홀로 있으려면 일시적으로 활동을 멈추어야 한다. 그때 찾아오는 불안과 조급함을 극복해야 한다.

영국의 시인 윌리엄 콜린스(William Collins)는 "외로우면 버림받은 듯한 느낌이 들지만, 홀로 있으면 대화를 하고 있다는 느낌이 든다"라고 말한다.

홀로 있는 시간이 주는 유익은 많다. 홀로 있을 때 내가 누구인지를 발견한다. 그때 가장 진실한 순간이 된다. 사람들은 손에 쥐어져 있는 것은 알지만 마음 깊은 곳에 있는 것이 무엇인지, 무엇을 갈망하는지, 내면 중심에 무엇이 자리 잡고 있는지는 모르고 살아간다. 내 안에 염려, 원망, 분노가 은밀하게 숨어 있다.

평소에는 내 안에 숨겨진 무언가를 찾아내기 어렵다. 홀로 있음을 통해서 고독을 내면화해야 삶의 동력을 얻는다. 조직화되고 분주한 종교적 활동들 속에서는 자신을 얼마든지 속일 수 있다. 무서운 것은 자기기만이다. 홀로 있음은 단순히 사람을 피하는 것이 아니라, 하나님과 함께하기 위한 것이다. 홀로 있음은 독립(獨立)이 아니라 독거(獨居)다. 개인주의적 은거(隱居)가 아닌 하나님과의 은밀한 동거(同居)다.

헨리 나우웬(Henri Nouwen)은 외로움에서 고독으로의 승화를 말한다. "단순한 감정적 외로움에 사로잡혀 있지 말고 주님과의 친밀한 창조적 고독으로의 전환"을 말한다. 외로움의 의도적 선택이다. 고독의 방에 자신을 감금한다. 하나님과의 내밀한 시간을 가지려면 일시적 고독을 수용해야한다. 홀로 있는 일은 결코 쉬운 일이 아니다. 준비되지 않은 고립은 위험하다. 탈선의 유혹은 강력하다. 엄습해 오는 외로움을 이기지 못해 미쳐 버린 사람들이 많다.

예수님은 공생애에서 홀로의 시간을 의도적으로 선택하신 삶의 모습을 보여 주셨다. 예수님은 홀로 있는 시간을 놓치지 않으셨다. 제자들과 동거하시기 전에 아버지와의 시간을 위한 독거의 시간을 즐거워하셨다. 제자들에게도 골방을 강조하셨다. 바쁜 일과 속에서도 홀로 있는 시간은 철저히 붙드셨다.

하나님과 동행하려면 고독을 끌어안아야 한다. 고독을 통해서 들려오는 내면의 소리를 들어야 한다. 사람들로부터 방해를 받지 않는 시간, 하나님의 음성에만 집중할 수 있는 시간을 가져야 한다. 사람들과의 잡담 끝에서 밀려오는 것은 피곤함과 권태다. 채워짐보다 쏟아 냄으로 공허를 불러온다. 고독은 결핍이 아닌 풍요를 경험하는 시간이다. 고독은 불편한 칩거(蟄居)가 아니라, 하나님의 임재 가운데 들어가는 통로(通路)다.

하나님과 독대함으로 주어지는 기쁨과 만족은 그리스도인이 누릴 최상의 선물이다. 한때의 소나기보다 마르지 않는 샘물이 기갈을 해결한다. 아무리 기가 막힌 집회에 가서 최고의 강사가 전하는 말씀을 듣는다 해도 그것만으로는 안 된다. 내 안에서 길어 올릴 샘물이 있어야 한다.

고독의 경험은 처음에는 고통스럽지만 시간이 지날수록 풍성해진다. 고독은 단순히 홀로 있는 것이 아니라 하나님과의 동거다. 외로움을 이기지 못해 상처 입은 영혼들이 많아져 가고 있다. 외로움을 거부하지 말고 끌어안아야 한다. 외로움의 끝에서 다가오시는 주님을 깊이 만날 때 외로움의 수혜자가 된다.

Q. '홀로 있음'이라는 말은 당신에게 어떤 의미로 다가옵니까?

_____

_____

_____

_____

Q. 예수님은 바쁜 공생애에서도 홀로의 시간을 놓치지 않으셨
　　습니다. 일상에 바빠 하나님과 독대하는 시간이 없다면 잠
　　시 눈을 감고 하나님과 독대하는 시간을 가져 봅시다.

_____

_____

_____

_____

광야에서 꽃이 피다

광야에서의 절정은 하나님 경험이다.
하나님과 밀담이 시작되면 광야에서 샘이 터지고 꽃이 피어난다.

성경의 인물들은 광야 학교 출신이다. 하나님의 사람들
은 광야를 통과했다. 광야는 선택이 아니라 필수다.
　광야에서는 예측 불허의 일들이 벌어진다. 광야에는 아
무것도 없다. 기댈 만한 언덕도, 흔들 깃발도 없다. 광야에
서는 아찔한 상황이 수시로 일어난다. 통제할 수 없는 상황
이 빈번하다. 갑자기 먹구름이 밀어닥친다. 광야에서는 고
립되어 생존이 불투명하다. 불규칙이 심하여 과거의 경험
이 통하지 않는다. 생사를 넘나드는 시험이 일상이다. 광야

에서는 살아 있는 것이 기적이다.

　광야가 좋아 자기 발로 들어간 사람은 없다. 때로는 쫓겨 들어가는 곳이다. 광야는 하나님이 밀어 넣으신다. 하나님의 뜻이다. 광야의 경험은 힘들지만 영혼에겐 유익하다. 광야를 거부하면 가나안은 없다. 삶과 죽음을 오가는 숨 막히는 과정을 통과하는 동안 인물이 익어 간다. 자아에서 들려오는 요구와 사투를 벌여야 한다. 광야에 대한 완강한 저항은 육체의 본능 깊숙한 곳에서 일어난다. 광야의 속박이 자유로 전환될 때까지 광야는 지속된다.

　오늘날 어디에서나 인물난을 겪는 이유는 광야 학교 출신이 적어졌기 때문이다. 출셋길은 열려 있지만 광야 수업 없는 입신(立身)은 벼랑 끝에 닿아 있다. 모든 과목을 이수

해도 광야 수업을 받지 않으면 실격이다. 최고의 스펙은 광야 경험이다. 머리보다 몸으로, 이론보다 경험으로 체득된 진리는 힘이 있다.

광야는 추상성이나 경박성과 거리가 멀다. 광야를 통과한 사람은 모호한 표현법들이 사라진다. 진리가 지문처럼 선명하게 온몸에 새겨져야 한다. 광야를 거치면서 마음은 맑아지고, 생각은 깊어지고, 의지는 단단해진다.

광야는 지리적인 것보다는 상황적이다. 현재의 삶이 언제나 광야로 돌변할 수 있다. 의지할 것 없는 상황에 부닥쳐 있고, 마음대로 되는 것이 없다면 광야 여행 중이다. 광야에서는 무조건 벗어나려고 하지 않는 것이 좋다. 과정을 충분히 이수해야 한다. 광야의 과정은 하나님이 사람을 낮추시는 시간이다. 뿌리 깊은 허영을 걷어 내야 한다.

교만이라는 불순물은 광야에서 극복해야 할 난제다. 숨기고 싶었던 약점들이 드러날 때 자연스럽게 반응해야 한다. 위선의 꺼풀이 떨어지고 조금씩 진실해져 가는 과정이 정상이다. 어두운 자아의 실상이 적나라하게 드러나야 한다. 꾸밈없고 진솔한 민낯이 광야의 진풍경이다.

광야는 숨어 있는 곳이다. 드러내고 싶은 유혹을 이겨

야 한다. 잊혀 가는 것을 두려워하면 안 된다. 사람들의 환호와 박수의 환영(幻影)을 떠나보내야 한다. 섣부른 드러남은 화를 자초한다.

광야에서는 아무도 봐 주지 않는다. 자신을 증명해 보일 대상이 없다. 광야는 자아가 죽는 시간이다. 용암처럼 끓어오르던 혈기와 어설픈 호기들이 충분히 가라앉을 때까지 기다려야 한다. 대개 문제는 준비되지 않은 상태가 드러날 때 일어난다. 너무 이른 성공은 화근이다. 사울왕은 준비 과정이 부족했다. 다윗은 광야를 경험했다. 그 차이는 컸다. 다행히 광야는 지나가는 곳이다. 광야를 잘 통과하면 복이 되고, 잘못 통과하면 악이 된다.

광야에서 숙성 시간은 타협하지 않는 것이 좋다. 단기 속성 과정은 없다. 충분한 시간을 보낼수록 좋다. 충분히 준비되지 않고 무대에 오르면 다시 혹독한 광야로 들어가야 한다. 모세는 광야에서 숨는 시간이 필요했다. 광야 40년, 보석과 같은 시간이었다. 내가 먼저 나서려고 발버둥 치면 죽는다. 광야는 매몰이 아니라 축복된 은둔이다. 외로움을 기꺼이 끌어안아야 한다.

곱게 빚어지는 순간까지 하나님의 때를 기다려야 한다.

광야는 새롭게 태어나는 곳이다. 의존했던 것들이 시야에서 사라지고 마지막 남는 것은 오직 한 분, 하나님이셔야 한다. 광야에서의 절정은 하나님 경험이다. 이론적 하나님이 아니라 실존적 경험이다. 모든 연줄이 끊어지고 시선이 머문 곳에서 만난 하나님은 거대한 산과 같다.

광야에는 이정표가 없다. 이정표는 하나님이다. 광야에서 만난 하나님과 친밀해지면 그곳은 에덴이 된다. 사막의 오아시스는 하나님과의 독대다. 하나님과 밀담이 시작되면 광야에서 샘이 터지고 꽃이 피어난다.

Q. 당신은 광야를 경험한 적이 있습니까?

_____

_____

_____

_____

Q. 광야의 경험을 통해 깨달은 것은 무엇입니까? 이를 통해 당
신은 무엇이 변화되었습니까?

_____

_____

_____

_____

홀로 있지만 홀로 있지 않다

홀로 있으며 '나는 홀로 있지 않다'는 것을 깨달을 때
삶은 자유로워지고 영적 풍요는 더 깊어진다.

디지털 혁명으로 겉보기엔 이전보다 소통이 쉬워진 것
같지만 실제로는 아니다. 소셜 네트워크 서비스(SNS)로 인
해 이전보다 사회성이 떨어졌고 우정을 유지하는 일이 어
려워졌다. 외로움이 만연한 세상을 살고 있다.

홀로 있는 삶은 위험하지만 특별한 경험이 될 수도 있
다. 엘리야는 로뎀 나무 아래 홀로 있을 때 세미한 하나님
의 음성을 들었다. 주님과의 밀도 높고 깊은 교제는 외로움
에서 일어났다.

홀로 있을 때 영적 민감성이 높아진다. 사람들 사이에서 복잡하게 지낼 때는 하나님에 대한 인식이 깊어지지 않는다. 하나님의 임재와 사랑에 대한 인식은 홀로 있을 때 경험할 수 있다. 주님의 음성 외에는 다른 아무것도 들리지 않는 은밀한 곳, 그곳이 바로 지성소다. 고독의 끝에서 하나님에 대한 경청의 훈련을 할 수 있다. 주님의 말씀에 귀를 기울였던 사람은 타인의 음성에도 귀를 기울일 수 있다. 홀로 있는 시간은 하나님과 연합되는 순간에 이를 수 있는 좋은 조건이다.

고독은 하나님께 마음의 공간을 내어 드리는 일이다. 홀로 있는 연습은 우리의 영혼이 하나님과 이어지게 하는 훈련이다. 외로움의 깊은 곳에서는 하나님과 다시 연결되려는 갈급함이 일어난다. 성 어거스틴(St. Augustine)은 "우리 영혼이 하나님 안에서 안식을 얻기까지 참된 쉼은 없다"라고 말한다.

하나님과 깊은 관계 안으로 나아가지 못할 때 목이 마르다. 그때 다른 것을 찾으려는 조급함에 시달린다. 손에 닿을 만한 곳에 대체물은 널려 있다. 신앙적 활동을 포함해 바쁜 활동들로 일시적 만족을 얻고자 분주해진다.

여기저기를 기웃거리며 여러 곳에 가입하고 참여하는 일은 충동적인 욕구에 길들여진 상태일 가능성이 높다. 각종 활동이 모두 나쁜 것은 아니다. 적절한 활동과 인간관계는 필요하다. 문제는 거기에 머물러 있는 것이다. 다양한 활동들을 하다 보면 어느 순간 무엇인가 허전해진다.

근원적인 기쁨과 만족을 누려야 한다. 에너지를 빼앗기는 것이 아니라 채워져야 한다. 바로 하나님과의 연결이다. 일시적 에너지가 아니라 영원한 생명력과의 접속이다. 종교적 활동들과 조직화된 교회 안에서의 활동이 내면의 풍성함을 약속해 주지 않는다.

고독은 혼자 칩거한다는 말이 아니다. 하나님의 임재 안에서의 오랜 머무름이다. 영성은 혼자 있는 시간을 확보

하는 데서부터 시작된다. 하나님과의 독대다. 시간을 삭히며 하나님과의 친밀함이 농익어 가야 한다. 그 안에서 모든 것이 흘러나온다.

사람들은 그곳에 도달하기 전에 다른 대체물로 성급하게 만족하려고 한다. 교회 안에서의 다양한 프로그램들은 가이드 역할을 하기도 한다. 순간 불을 지피는 역할을 하지만 그 불로 더 깊은 곳으로 나아가야 한다. 홀로 있기로 시작하여 공동체 안으로 나아가는 일이다.

공동체적인 예배와 훈련들은 중요하지만 늘 모여 있을 수는 없다. 공동체와 홀로 있음의 적절한 균형이 필요하다. 홀로 있음이 공동체로 나아가는 일에 필요하고, 공동체의 생활이 건강하게 홀로 서 있도록 도와주는 상호성이 있다.

하나님과 독대하는 기쁨과 만족은 어떤 것과도 바꿀 수 없다. 흐르는 물을 먹는 것도 좋지만 결국 내 안에 계속 출렁이는 강이 있어야 한다. 불은 언젠가는 꺼지고, 물은 흘러 어디론가 사라진다. 쉽게 받은 은혜는 쉽게 새어 나간다. 홀로 있음을 통한 하나님과의 밀회와 공동체 안에서의 교제를 통해 누리는 일의 시너지가 이루어지면 내적 충만함을 경험한다.

일상에서 적절한 훈련이 필요하다. 홀로 있기 위한 공간을 스스로 만들어야 한다. 결혼한 부부라도 일시적으로 혼자만의 공간을 만들어야 한다. 일정한 공간을 두어야 온전한 연합을 경험할 수 있다.

일주일 중 일정한 시간을 떼어 홀로 있는 시간을 만들어 보라. 핸드폰을 잠시 내려놓고 소란으로부터 벗어나 보라. 고요한 시간을 통해 내가 어디에 매여 있는지, 하나님과의 교제를 방해하는 것이 무엇인지를 확인할 수 있다. 홀로 있을 때 '나는 홀로 있지 않다'는 것을 깨달을 때 삶은 자유로워지고 영적 풍요는 더 깊어진다. 홀로 있음을 통해 하나님에 대한 목마름이 깊어진다면 자유는 시작되었다.

Q. 홀로 있는 시간에 외로움을 느낍니까? 아니면 내면의 풍성
함을 느낍니까? 그렇게 느끼는 이유는 무엇입니까?

_____

_____

_____

Q. 성 어거스틴은 "우리 영혼이 하나님 안에서 안식을 얻기까
지 참된 쉼은 없다"라고 말합니다. 당신의 영혼은 하나님 안
에서 참된 안식과 평안을 누리고 있습니까?

_____

_____

_____

_____

고독을 내면화하는 작업

주님은 홀로 있는 시간을 통해 내적 충만 상태를 유지하셨다.
주님은 광야의 영성을 가지셨다.

외로움을 잘못 다루면 병이 되지만 잘 다루면 약이 된
다. 홀로 있을 때 자신의 내면을 들여다볼 기회를 얻는다.
난해한 내면을 읽는 것은 어려운 일이다. 대개는 내가 누구
인지 알지 못한 채 살아간다. 많은 경우 문제의 원인은 자
신의 무지에서 비롯된다. 자신을 알려고 하는 것을 거부하
는 것이 일반적이다. 그만큼 두려운 일이기 때문이다.

홀로 있을 때 자신의 단점과 연약함이 그대로 드러난
다. 홀로 있을 때 진실해진다. 밖으로만 향하던 삶이 안으

로 향해야 비로소 영혼의 각성이 시작된다. 자신이 무엇을 갈망하고 있는지, 자신 안에 크게 자리 잡고 있는 것이 무엇인지를 아는 일은 중요하다. 내 안에 있는 염려, 원망, 분노가 어디서 온 것인지, 지금 욕망하는 것들, 하나님이 아닌 다른 것에 매달리고 있는 자신의 모습을 직시할 수 있어야 한다.

고독의 시간을 가지려면 활동적인 삶에서 일시적으로 물러나 있어야 한다. 복잡한 삶과의 거리 두기다. 예수님은 종종 사회적 거리 두기를 실천하셨다. 한적한 곳으로 가사 하나님과 독대의 시간을 가지셨다.

홀로 있을 때 마음의 밑에 감추어 있던 것들이 하나둘씩 떠오른다. 다른 사람이 나와 다른 의견을 말할 때 솟아오르는 분노, 나의 위치가 위협받을 때 밀려오는 두려움, 다른 사람을 내가 원하는 방식대로 통제하기 위해 일어나는 감정 등은 평소에는 감추어져 있다. 많은 생각과 감정들이 수면 밑에서 은밀하게 진행되고 있어 스스로 간파하지 못하고 살아간다.

내면에 숨겨진 허영과 허위의식들은 나도 모르게 삶의 에너지를 빼앗아 가고 파괴한다. 고독과 침묵을 통해서 비로소 들어야 할 소리가 미세하게 들려온다. 내면의 욕구와 외부적 압력들을 찾아내는 일은 중요하다.

내면에서 들려오는 진실된 소리를 듣는 일은 힘들다. 처음에는 거부하고 싶은 것들이 대부분이다. 사람들은 자신이 듣고 싶은 소리만 들으려고 한다. 세상에서 들려오는 소음에 휩싸여 내가 들어야 할 소리를 듣지 못한다.

독성이 강한 공해들로 가득한 세상에서는 참된 소통이 사실상 불가능하다. 고독과 침묵을 통해서 내면이 깊어지지 않으면 타인과의 대화는 의미가 없다. 자기가 하고 싶은 이야기만 하는 곳에는 폭력성이 역력하다. 내적인 충만함이 없을수록 자신의 말에 스스로만 감동할 뿐 소음에 불과하다.

고독을 내면화하는 작업은 외적 활동보다 우선적인 일이다. 자신의 영혼을 돌아보지 않는 사람은 삶의 방향이 외부로만 치우쳐 있다. 에너지가 한쪽으로만 쏠려 결국 소진되고 만다. 고독을 내면화하는 작업을 해야 삶의 동력이 생긴다.

조직화되고 종교적 활동들로 잘 짜인 곳에서는 겉으로는 모든 것이 잘 돌아가지만 오래 지속되지 못한다. 얄팍하고 깊이가 없다. 내용은 없고 겉만 타오른다. 세상은 외적인 결과를 위해 모든 것을 쏟아붓는다. 드러난 것에 사력을 다한다. 언제나 외형에 치중하기 쉽다. 드러난 결과와 업적에 환호한다. 성공적인 사역에 쉽게 현혹당한다.

예수님 시대 바리새인들의 열심은 타의 추종을 불허했다. 외적 의무 준수에 손색이 없었다. 자기 성찰보다 남들과 비교하여 더 나아 보이기 위해 열심을 쏟았다. 인정 욕구에 목이 말랐다. 움켜쥘수록 결핍은 심화되었다. 그들은 자신들의 내면을 향하지 않았다. 겉은 화려한데 속은 비어 있었다.

예수님은 다르셨다. 외적인 모습에는 눈길을 끌 만한 것이 없었다. 고운 모양도 없고 풍채도 없었지만 안으로는 사그라들지 않는 불이 타고 있었다. 주님은 홀로 있는 시간을 통해 내적 충만 상태를 유지하셨다. 주님은 드러난 것에 승부를 걸지 않으셨다. 주님은 광야의 영성을 가지셨다. 고독을 통해서 끊임없이 내면의 소리를 들으셨다.

외부적 상황으로부터 방해받지 않고 하나님의 음성에 귀를 기울일 수 있는 자가 격리가 관건이다. 내면에 들려오는 미세한 소음에 귀를 기울일 줄 아는 영성이 절실한 시대. 공허한 자아의 만족을 위해 몸부림을 치던 삶을 중단하고, 과잉활동주의가 낳은 피로감에 지친 삶을 내려놓는 훈련이 필요하다. 하나님으로부터 들려오는 음성에 귀를 기울여야 우리의 영혼이 은혜의 물살을 타고 목적지에 당도할 수 있다.

Q. 홀로 있을 때 속에서부터 끓어오르는 부정적인 감정이 있습니까? 그 이유가 무엇입니까? 혹 남들 모르게 숨겨 둔 나만의 속마음이 있는지 생각해 봅시다.

_____

_____

_____

_____

Q. 바리새인의 열심은 예수님과 어떻게 달랐습니까? 예수님을 통해 드러나는 광야의 영성은 무엇입니까?

_____

_____

_____

_____

비움을 통해 되찾는 것

비움을 통해 채워지는 경험이 금식이다.
영적 감수성이 회복될 때 하나님과의 사랑의 불꽃이 일어난다.

풍요의 시대, 모든 것이 넘쳐흐른다. 결핍의 문제보다
풍요로 일어나는 문제가 더 많다. 사람들은 포만감에 시달
린다. 더 채워 달라는 육체적 본능이 보채는 대로 따라가면
위험하다. 육체적 선동에 휘둘리면 감각이 망가지고 영적
파산에 직면하게 된다.

금식은 육체의 요구에 대한 일시적 저항이다. 육체의
욕구를 종종 통제함으로 영혼의 파리함을 막아야 한다. 움
켜쥠으로 만족이 아니라 비움을 통해 채워지는 경험이 금

식이다. 가장 기본적인 욕구를 일시적으로 차단함으로 잃어버린 영적 미각을 회복하고 하나님에 대한 갈망이 깊어지게 한다.

현대인들은 욕구에 끌려다니기 급급하다. 제어 장치가 허술해 쉽게 무장 해제된다. 육체적으로는 기름진 상태이지만 영적으로는 화전민 수준의 신자들이 늘어난다. 육체적 배부름은 영적인 부요함과 멀어질 위험성이 높다. C. S. 루이스(C. S. Lewis)는 "우리의 최상의 소유는 결핍이다"라고 말한다.

먹음으로 채워지기보다 비움으로 채워질 수 있다. 먹어야만 힘을 얻는 것은 아니다. 오히려 하찮은 것 때문에 위대한 것이 자리할 공간이 없어질 때가 많다. 일상의 산만했

던 것들로부터 벗어나 영적 몰입도가 높아지면 하나님에
대한 간절함이 일어난다. 금식을 통해 내면에 깊이 숨겨져
있던 것들이 드러나야 잃어버린 중심을 되찾을 수 있다.
금식의 형태는 다양하다.

1. 물만 먹는 금식이 있다. 가장 많이 알려진 금식의 형태로, 물
   만 먹으며 비교적 긴 기간 할 수 있다.

2. 음료 금식이 있다. 다른 음식은 먹지 않고 과일 주스와 같은
   가벼운 음료만 마시는 금식이다.

3. 에스더 금식은 음식은 물론 물도 먹지 않는다. 일체의 음식을
   먹지 않는 것인데 3일 이상은 위험하다.

4. 다니엘 금식이 있다. 씹는 것은 피하고 가볍게 갈아서 마시는
   수준의 금식이다.

5. 부분 금식이 있다. 야채와 견과류같이 가벼운 음식만 먹으며
   하는 금식이다.

6. 베네딕트 금식은 유럽의 수도사들이 주로 행했던 금식인데
   하루에 한 끼만 먹는 금식이다. 그들은 금식을 통해 강한 육
   체와 함께 강한 영을 지니게 되었다고 한다.

7. 말의 금식이 있다. 말을 하지 않는 침묵의 금식도 유익하다.

말을 많이 하면 경건에 해가 될 때가 많다.

8. 비판하는 영의 금식은 정죄와 판단을 멈추는 훈련이다. 방심하면 무수하게 정죄와 비판을 쏟아 내며 살아가게 된다. 비판은 영적으로 해롭다. 비판이 습관화되면 부정적 영이 지배하게 된다. 사람들을 축복하기보다 공격적인 삶을 살게 된다.

9. 문화적 금식은 오늘 시대에 매우 중요한 영역이다. 현대 그리스도인들의 영적 에너지를 빼앗아 가는 중요한 요인이다. 인터넷, TV 등 미디어들로 영적 난청 현상이 벌어진다. 미디어 금식만으로도 영적 고출력을 경험할 수 있다.

금식은 광야의 경험이다. 자발적으로 불편을 선택하는 일이다. 금식의 과정에서 자기 부인을 하게 된다. 금식은 단순한 삶으로 이끈다. 금식을 통한 영적 집중력은 하나님만 바라보게 만든다. 금식 자체가 목적은 아니다. 금식을 통해 하나님과의 관계가 더 친밀해지는 것이 중요하다.

특별한 경우, 비상적인 순간 금식기도를 할 수 있지만, 평소에도 하나님과 깊은 만남을 위해서 금식할 수 있다. 오직 하나님 앞에서만 시간을 보내고 싶을 때가 있다. 특정 음식이나 행동 중에서 절제하거나 금식하기에 너무 힘들지 않은 것 하나를 정해서 실천에 옮겨 보면 독특한 경험을 할 수 있다. 처음에는 부담스럽지만 금식을 통해서만 누리는 영적 즐거움과 비밀이 있다.

존 파이퍼(John Piper)는 "금식이란 세상 최고의 진미를 먹기보다 하나님의 천국 잔치를 즐기겠다는 주기적인 선포다"라고 말한다. 하나님이 주신 것들을 적절히 향유해야 하지만 때로는 그런 것들을 거부함으로 방종의 유혹을 이겨 내고 영적 무감각에서 벗어나 하나님을 더 깊이 갈망할 수 있다면 축복이다. 먹지 않고 힘을 뺄 때, 잃어버렸던 영적 감수성이 회복될 때 하나님과의 사랑의 불꽃이 일어난다.

> 내가 내 몸을 쳐 복종하게 함은 내가 남에게 전파한 후에 자신이 도리어 버림을 당할까 두려워함이로다 고전 9:27

Q. 당신은 개인적으로 금식을 해 본 경험이 있습니까? 그때 어떤 유익을 얻었습니까?

_____

_____

_____

_____

Q. 지금 당신의 삶에 절제가 필요합니까? 그렇다면 어떤 것을 절제하기 원합니까?

_____

_____

_____

_____

불편한 자신과의 독대

그리스도의 십자가를 통과하면 거짓된 자아에서 벗어나
내가 나를 사랑할 수 있게 된다. 그때 나와 너의 관계가 회복된다.

묵상과 금식, 단순한 삶, 고독 등은 모두 연결되어 있다.
이런 주제들은 현대인의 삶과는 거리가 멀다. 누군가 오늘
날 문화의 특징은 '조급하고 수다스럽고 산만하고 분주함'
이라고 했다.

영적 사투를 벌이지 않으면 중심을 잡기 어렵다. 분주
한 일상에서 자신의 내면을 들여다볼 여유가 없다. 목표를
달성하고 일에 대한 성취를 맛보지만 정작 내면은 방치되
어 있다. 소란함과 굉음에 익숙해져 있으면 일시적인 고요

함도 이겨 내지 못한다. 외로움을 잊게 해 줄 위험한 대체물들이 늘어나고 있다.

중독은 외로움을 잊기 위해 몰두하다가 생긴 병이다. 현대인들은 한 가지 이상에 병적인 집착을 하고 있다. 집착하는 것에 돈과 체력을 탕진한다. 외로움의 해방구에는 언제나 사람들이 북적거린다. 외로움을 빠르게 해소하려고 하면 유혹은 강해진다. 현대인들은 관계를 원하면서 동시에 거부하는 이중성을 드러낸다. 알고 지내는 사람은 많지만 삶을 깊이 있게 나눌 사람은 없다.

불편한 관계들은 정서적 불안정에 시달리게 한다. 불안한 내면의 자아가 치유되지 않으면 누구와도 편안한 관계를 맺을 수 없다. 이전보다 관계와 관계 사이의 벽이 갈수록 높아져 가고 있다. 개인주의의 심화는 가족 관계조차 해체시키고 있다. 오래된 유대감마저 실낱같이 가늘어지고 있다. 깨어진 관계들로 울고 있는 영혼들이 많다.

피상적 만남은 언제나 목이 마르다. 겉으로는 함께 대화하지만 긴장도가 높다. 조작된 관계가 너무 많다. 비교하고 평가하는 경쟁 사회에서 사람들은 외톨이가 되기를 선택한다. 많은 대화에는 복선이 깔려 있다. 우정을 의심한다. 겉으로는 잘 대해 주지만 내면에서는 거북하다고 소리를 치고 있다. 친밀성이 없는 곳은 위장술이 뛰어나게 된다. 위장하고 조작을 하는 인간관계는 시간이 흘러도 깊어질 수 없다.

인간관계 안에서 친밀함을 누리지 못할 때 대인공포증, 우울증, 자살, 각종 스트레스성 질환이 발생한다. 일본은 '히키코모리'라는 폐쇄 은둔형 외톨이들이 늘어 간다고 한다. 내가 남에게 관심을 갖지 않는 것은 물론, 다른 사람이 나에게 관심을 보이는 것도 싫어한다. 무서울 정도의 무관심이다.

풍성한 삶을 위해서 묵상과 사색의 독거가 필요하다. 외로움의 순간에 자신을 객관화해야 한다. 불편한 자신과

마주 대해야 한다. 블레즈 파스칼(Blaise Pascal)은 《팡세》에서 말한다. "인간의 모든 불행은 인간이 자기 방에 조용히 머물 수 없다는 단 한 가지 사실에서 비롯된다."

수련을 위한 독거는 광장에서의 배회보다 더 넓은 세계로 이끈다. 아무도 없는 홀로의 방은 미지의 세계다. 그 안에서 창조의 역사가 벌어진다. 홀로의 시간에 하나님과의 밀담이 일어난다. 자기중심적 병든 자아의 치유는 하나님과의 관계 안에서 일어난다.

인간은 친밀한 관계를 원한다. 부모가 자주 쓰다듬어 주지 않은 아이는 아무리 좋은 음식과 옷을 줘도 신경 발육 부진에 걸린다고 한다. 아이들이 부모로부터 충분하게 사랑을 받지 못하고 자라면 언젠가 증상이 드러난다. 가정 안에서 친밀감을 경험해 보지 않은 아이들은 길거리에서 방황한다. 거짓 친밀감을 통해 욕구를 해결하려고 한다. 연약한 인간과의 친밀함은 한계가 있다. 아무리 친밀해도 곧 목이 마르다. 고든 맥도날드(Gordon MacDonald)는 "음식이 위장의 연료라면 친밀함은 영혼의 연료다"라고 말한다.

음식물을 섭취하지 못한 육체에는 기아가 찾아오듯, 친밀감이 없는 영혼도 정신적 기아에 빠지게 된다. 친밀감의

굶주림이 문제다. 친밀함을 나눌 수 있는 인간관계는 돈으로 측정할 수 없는 자산이다.

친밀감의 원천은 하나님이시다. 회복은 하나님과의 화해에서 시작된다. 하나님으로부터 진정한 용서를 받아야 그리스도와 친밀해질 수 있다. 그리스도의 십자가를 통과하면 거짓된 자아에서 벗어나 내가 나를 사랑할 수 있게 된다. 그때 나와 너의 관계가 회복된다.

십자가는 진정한 화해의 길을 열어 준다. 십자가는 막힌 담을 허무는 능력이 있다. 단순한 심리적 요법이 아닌 본질적 해결의 길은 십자가가 답이다. 다른 사람과 함께 아름다운 관계를 맺으며 살아가는 것, 그것이 영성의 삶이다. 내 마음의 빗장을 활짝 열어 놓을 수 있는 용기는 복음 안에서 치유를 통해서 일어난다.

Q. 내면의 모든 것을 비춰 주는 거울이 있다고 생각해 봅시다.
그 앞에 선 당신의 모습은 어떻습니까?

_____

_____

_____

_____

Q. 그런 당신을 하나님은 어떻게 바라보고 계십니까? 하나님
은 당신을 어떻게 치유하기 원하십니까?

_____

_____

_____

_____

그리스도

안에

2장

–

마음

뿌리를 내리다

시선이 머물러 있어야 할 곳

시끄러운 일상보다 요란한 마음이 문제다.
나를 돌본다는 것은 마음을 포옹하는 일이다.

마음을 읽는 기술을 가르쳐 주는 곳은 없다. 사람들은
드러난 것에 관심이 많다. 표면적인 것을 가꾸기는 쉽다.
내면보다 외면적인 것에 더 몰두하면 후유증이 따른다. 내
면의 방치는 위험한 미래를 예고한다. 마음에서 들려오는
소리를 들어야 한다. 시끄러운 일상보다 요란한 마음이 문
제다. 나를 돌본다는 것은 마음을 포옹하는 일이다.
　다윗에게 밧세바 사건은 우발적인 사건이 아니다. 외적
성공에 도취할수록 내면은 파산 상태가 된다. 성공을 자축

하는 파티가 벌어질 때 위험은 상승된다. 이루어 낸 결과물
이 곧 자신이라는 착각은 금물이다. 사람들의 박수와 환호
가 클수록 자아를 잃어버린다. 외적인 것이 강조될수록 영
적 감수성은 죽고 종교화되어 간다.

종교는 외적 활동의 강화다. 자신의 힘에 의존한 활동
일색이다. 하나님에 관련된 일을 하지만 하나님과는 관련
없는 사람이 많다. 하나님이 시키지 않으신 일에 열심이다.
예배 활동은 하지만 예배는 없다. 신앙이 일상의 삶 안으로
스며들지 못하면 화석화된다.

신앙과 삶의 이중성을 '외식'이라 부른다. 외식주의적
신앙처럼 무서운 것은 없다. 행위만 화려하게 돌출된 신앙
은 영적 세계에 적신호다. 외식에 익숙해지면 신앙에 고뇌

가 없어진다.

영성 생활은 영적 체험과 구별된다. 체험은 한두 번의 특정한 사건에 관심을 갖지만 영성 생활은 일상 속에서 지속적으로 하나님을 경험하는 삶이다. 일시적으로 겉으로만 타는 불이 아니라 내면에서 조용히 계속 타올라야 한다. 위에서 임하는 능력도 필요하지만 내면에서 솟아오르는 능력을 열망해야 한다. 단번에 타는 불이 아니라 깊이 뿌리를 내리고 견고함을 얻는 과정이 있어야 한다.

'어떤 일을 하는가?', '얼마나 열심히 사역하고 있는가?', '어떤 직책을 맡고 있는가?'는 주된 관심사가 아니다. 시선이 머물러 있어야 할 곳은 마음이다. 마음의 기류 저층에서 흐르는 것을 읽어 내는 섬세함이 필요하다. 외적인 완성은 쉽지만 성화의 과정은 길고 긴 싸움이다. 내적 변화를 위한 치열한 싸움을 해 본 사람이라면 마음의 탐사를 게을리할 수 없다. 가장 치열한 전쟁터는 마음이다. 마음의 전쟁터에서 승자가 되어야 한다.

마음을 가꾸지 않는 사람들의 특징은 피상적 삶을 산다는 것이다. 다른 사람을 판단하고 통제하려고 한다. 나를 힘들게 하는 사람이 있다면 미워하기보다 그를 통해 나를 바꾸시려는 하나님의 의도를 찾아야 한다. 다른 사람이 아니라 바꾸어야 할 나의 마음을 응시해야 한다. 드러난 현상보다 자기 마음의 해부가 급선무다. 마음이 더러워져 있으면 내가 하는 모든 것이 더러워진다. 마음에 드리워진 어두운 그림자를 제거해야 한다.

나와 관계하고 있는 사람들과 잦은 충돌이 일어나는 이유가 있다. 겉으로는 열심히 하고 칭찬도 듣지만 실제로는 벼랑 끝일 수 있다. 내면을 다루지 않고 방치한 결과는 자신의 몫이다.

자신에 대한 통찰이 우선이다. 내가 나를 모른다는 것이 치명적이다. 나에 대한 통찰이 약해지면 주변에서 일어나는 일들에 대한 깨달음이 무디어진다. 영성이 깊어지면 깨달음이 깊어진다. 다른 사람보다 자신의 내적 자아를 보는 민감성이 높아진다. 보이는 것이 아니라 보이지 않는 것에 눈이 열려야 한다. 하나님이 사무엘에게 "내가 보는 것은 사람과 같지 아니하니 사람은 외모를 보거니와 나 여호와는 중심을 보느니라"(삼상 16:7)라고 말씀하셨듯, 하나님은 중심을 꿰뚫어 보신다.

하나님 앞에 서면 중심이 노출된다. 마음 깊숙한 곳에

숨어 있는 불필요한 심리들은 하나님의 검색대를 통과하기 어렵다. 바울은 속사람에 대한 관심이 많았다.

나의 자녀들아 너희 속에 그리스도의 형상을 이루기까지 다시 너희를 위하여 해산하는 수고를 하노니 갈 4:19

변화의 대상은 겉이 아니라 속이다. 마음에 대한 민감성을 개발해야 한다. 내가 얼마나 많은 사람과 관계를 맺고 있느냐보다 그리스도와 건강한 관계를 맺고 있는가를 확인해야 한다. 열심히 순종하고 있는 외적 모습 이전에 내적 순수함과 선한 동기들을 확인해야 한다. 선한 일을 하고 있지만 내 안에 일고 있는 시기와 다툼과 분노의 마음을 다룰 줄 알아야 하나님이 머물러 계시는 마음이 된다.

Q. 영성 생활과 영적 체험은 무엇이 다릅니까?

_____

_____

_____

_____

Q. 내면을 어떻게 읽어 낼 수 있습니까? 영성 생활에 있어 내면
   을 읽어 내려갈 때 치명적인 방해물은 무엇입니까?

_____

_____

_____

_____

마음 조기 검진

말씀의 빛이 비치면 마음의 작은 노폐물들까지 볼 수 있다.
자신의 마음을 깊이 들여다볼 수 있다면 은혜다.

초음파나 CT, 내시경과 같이 인체의 내부를 들여다보는 건강 검진 시스템이 발달해 있다. 다양한 방식으로 인체 내부의 혈액의 상태, 뇌와 뼈의 조직과 장기들 안의 작은 결함을 찾아낸다. 건강을 위협하는 요소들을 사전에 발견하고 제거하는 예방의학이 갈수록 발달하고 있다. 정기검진 등과 같은 의학적 노력으로 인해 평균 수명이 늘어났다.

문제는 마음의 병이다. 몸은 멀쩡한데 마음의 병으로 고통하는 사람들이 늘고 있다. 맛있는 음식을 먹으면서도 행복하지 않고, 외적 조건은 다 갖추었는데 우울한 것이 문제다. 몸이 병들기 전에 마음이 먼저 병든다. 육체적 건강만이 아니라 마음의 건강에 빨간불이 켜졌다.

마음의 상태를 살피는 청진기는 없을까? 마음은 어떻게 들여다볼 수 있을까? 성령의 도우심이 필요하다. 성령은 마음에 일어나는 것들을 민감하게 점검하도록 도우신다.

죄의 본성대로 살아가려고 하는 성향이 내면에 뿌리를 내리고 있다. 그대로 두면 문제가 복잡해진다. 원망과 불평, 시기심, 미움, 분노, 갈등과 같은 것들을 그대로 방치해두면 삶은 한쪽으로 기울어진다. 불안정한 마음의 상태는 옳고 그름에 대한 바른 선택과 결정을 할 수 없게 만든다. 남의 흉을 보거나 비판적이라면 영혼은 이미 건강한 상태가 아니다. 은혜가 충만할 때는 자신의 마음 안에 내적 평안과 질서와 감사가 가득하게 된다.

하나님의 말씀은 영혼을 들여다보게 하는 또 다른 좋은 도구다. 말씀 묵상을 깊이 할수록 마음의 상태가 투명하게 드러난다. 말씀은 거울과 같은 역할을 한다.

> 하나님의 말씀은 살아 있고 활력이 있어 좌우에 날 선 어떤 검보다도 예리하여 혼과 영과 및 관절과 골수를 찔러 쪼개기까지 하며 또 마음의 생각과 뜻을 판단하나니 지으신 것이 하나도 그 앞에 나타나지 않음이 없고 우리의 결산을 받으실 이의 눈앞에 만물이 벌거벗은 것같이 드러나느니라 히 4:12-13

말씀은 마음 깊은 곳을 투시하게 하는 힘이 있다. 말씀의 빛이 비치면 마음의 작은 노폐물들까지 볼 수 있다. 자신의 마음을 깊이 들여다볼 수 있다면 은혜다.

아이로 인해 내 안에 분노가 자주 일어난다면 원인이 있다. 아이가 화나게 만들었을 수도 있지만 왜 내가 그토록 화를 냈는가는 다른 문제일 수 있다. 분노의 근원이 혹시 내 안에 있는 욕망으로 인한 것은 아닌지 점검해 보아야 한다. 자신의 불만족을 아이를 통해 해결하려고 하는 보상 심리는 아닌지. 그렇다면 그것은 아이를 희생물로 몰아가는 것일 수도 있다.

어떤 사람을 보는 순간 갑자기 불쾌한 감정이 일어난다면 그 원인이 따로 있을 수 있다. 어떤 행동이든지 외적 행동을 일으키게 한 내적 요인이 있다. 마음을 수시로 점검하고 성찰하지 않으면 문제를 키우게 된다. 마음의 소리에 귀를 기울여야 한다. 마음의 상처를 다독여 주어야 한다. 미움, 분노, 시기심 등을 대충 넘겨 버리면 안 된다.

성경은 마음에 집중하고 있다. 여자에 대한 음욕을 간음으로, 사람에 대한 미움을 살인으로 연결시킬 정도로 적극적이다. 외적 행동보다 마음 안에 일어나고 있는 것에 민감해야 한다. 미래에 일어날 하나님의 심판 역시 행동에 대한 것만이 아니라 마음을 포함한다.

마음 안에 일어나는 작은 것을 소홀히 다루다가 결국 화근이 된다. 작은 마음 하나가 나중에 거대한 불길로 확장된다. 말 한마디와 작은 행동이라도 우연한 것이 아니라 그 안에 뿌리가 있다. 마음의 탐사 작업은 계속되어야 한다. 마음을 살피는 일을 놓지 않도록 힘써야 한다.

하나님이여 나를 살피사 내 마음을 아시며 나를 시험하사 내
뜻을 아옵소서 내게 무슨 악한 행위가 있나 보시고 나를 영원
한 길로 인도하소서 시 139:23-24

자기의 마음을 주목해야 한다. 하나님은 외적 성과에
감동을 받으시기보다 정직한 마음을 원하신다. 열심보다
동기가 더 중요하고, 외적 태도보다 마음의 습관이 더 중요
하다. 병든 마음에서는 선한 것이 나올 수 없다. 병든 마음
은 복음으로 치유할 수 있다. 깨어지고 상실한 마음의 회복
보다 절실한 것은 없다.

모든 지킬 만한 것 중에 더욱 네 마음을 지키라 생명의 근원이
이에서 남이니라 잠 4:23

Q. 말씀은 우리의 내면을 정확히 들여다보게 합니다. 당신의
　 감정과 삶 전체를 말씀을 기준으로 보았을 때 어떤 평가가
　 내려질까요?

_____

_____

_____

_____

Q. 오늘 당신의 내면을 꿰뚫어 보는 하나님의 말씀은 무엇입
　 니까?

_____

_____

_____

_____

DEVOTION

나와 화해하는 삶

나의 욕망, 약함과 무능함을 인정하고 하나님께로 나아갈 때
나를 향해 미소 지으시는 하나님을 만나게 된다.

현대 사회는 완벽을 요구한다. 기업은 상품을 만들 때
작은 결함도 용납하지 않는다. 소비자들은 완벽함에 매료
되어 구입한다. 영적 세계에서도 완전함을 추구하는 경향
이 있다. 예수님 시대의 바리새인들은 완벽주의자들이었
다. 완벽주의자들은 자신의 삶을 불필요하게 억압한다.

완벽을 추구하는 그 내면에는 상처가 있다. 사랑에 대
한 목마름, 인정에 대한 갈증, 상실한 것에 대한 동경이 완
벽함을 추구하게 한다. 완벽주의 안에는 경쟁 심리와 비교

본능이 숨어 있다. 그 안에는 참 자유가 없다. 항상 긴장 상태에 놓여 있다.

완벽주의 함정에 빠지면 자기 자신을 힘들게 한다. 겉으로는 많은 것을 성취하고 자신감이 있어 보이지만 실제로는 불안에 시달리고 있다. 최고를 고집할수록 혈압은 오르고 불만족을 호소한다. 다른 사람은 물론 하나님 앞에서 더 낫게 보이려고 매 순간 몸부림을 쳐야 한다.

높은 이상을 가지고 달려가게 하는 원인은 공명심에 있다. 욕망의 부추김 때문에 하나님이 원하시는 것이 무엇인지를 놓친다. 자신의 진정한 모습이 무엇인지 갈수록 간파하기 어려워진다.

어떤 이는 하나님을 도덕적인 완전을 요구하시는 분으

로 오해한다. 예수님 시대 바리새인들이 바로 그런 부류다. 율법이 요구한 것 이상을 실천하려고 했다. 자신의 열심에 만족하고 자아도취에 빠졌다. 높은 도덕적 수양으로 자신이 완전한 존재라고 믿었다.

그때 현실과 이상 사이에서 갭을 메우지 못해 갈등하며 분열 증세가 나타나기도 한다. 현실이 이상에 부합하지 못하는 것을 인정하지 않기 때문에 자신의 무능을 다른 사람에게 투사하며 타인에 대해 냉혹해지기도 한다. 때로는 비판적이고 냉소적인 삶을 살게 되는 반면, 자신의 연약함에 대해서는 인정하지 않으려고 한다. 작은 실수에도 실망하고 자학한다.

이때가 중요하다. 자신의 연약함을 받아들이고 인정할 수 있어야 한다. 자신의 한계와 약점을 인정하지 않으려고 할수록 분열 증세가 심화된다. 자신의 현재 모습이 이상과 부합하지 못하는 것을 인정하지 않을 때 자신의 무능을 다른 이들에게 투사하게 된다. 타인에 대해서 매우 냉혹하게 행동하는 것은 주로 자신 안에 좌절을 극복하지 못한 결과다.

영적 성숙으로 가는 길은 긴 여정이다. 외적 행동과 내적 인격이 일치를 이루기까지 많은 좌절과 절망과 고비를 넘겨야 한다. 자신의 마음 안에 진정한 평화를 경험하지 못하면 다른 사람에 대해서도 관대함을 드러낼 수 없다. 자기 모순을 가진 상태로는 사람들과 평화로운 관계를 맺을 수 없다.

무엇보다 먼저 '나 자신과 화해하는 삶'을 경험해야 한다. 나를 힘들게 괴롭히는 나를 놓아 주어야 한다. 연약한 나를 너무 닦달하지 않고 품어 주어야 한다. 그때부터 어두운 터널을 서서히 벗어나게 된다. 하나님은 우리의 연약한 상태 그대로 받아들여 주신다. 우리가 완벽해야 우리를 인정하시는 냉혹한 신이 아니시다. 하나님의 용서의 품은 넓디넓다. 복음이 주는 능력은 무한하게 품어 주심이다.

복음을 깊이 경험하면 더 이상 자신의 초라한 의를 붙들고 살지 않는다. 그뿐만 아니라 나의 의를 가지고 다른 사람을 판단하고 정죄하려고 하지도 않는다. 오직 하나님의 은혜로만 살아갈 수 있는 존재임을 깨닫는 것이 중요하다. 그리스도 안에서 있는 모습 그대로 받아들여진 나를 이해하는 것이 필요하다.

나는 누구인가? 항상 자신에 대한 무지가 사고를 낸다.

진실한 자아 인식은 복음을 통해서 발견된다. 십자가를 통해 깨어진 자아의 경험을 통해 자신을 정확히 알면 진실한 반응을 할 수 있다. 더 이상 완벽으로 자신을 감추려고 하지 않아도 된다.

다른 사람에게 멋지게 보이고자 하는 그릇된 욕망을 제거해야 하나님께 나아갈 수 있다. 모순과 연약함으로 가득한 나를 멋진 모습으로 포장하는 동안에는 하나님을 만날 수 없다. 나의 욕망, 약함과 무능함을 인정하고 하나님께로 나아갈 때 나를 향해 미소 지으시는 하나님을 만나게 된다.

깨어진 자아는 부끄러움이 아니라 하나님께로 나아갈 수 있는 기회다. 죄인 됨의 비참함을 느끼는 과정을 통과하고 나서야 복음 안에서 존귀하게 세워지는 축복이 기다리고 있다.

Q. 완벽주의에 빠진 인생은 무엇을 놓치게 됩니까?

_____

_____

_____

Q. 깨어진 자아는 하나님 안에서 회복됩니다. 내 안에 감추려
하는 모습이 있지는 않습니까? 하나님께 나 자신을 드러내
는 기도를 드려 봅시다.

_____

_____

_____

_____

외로움의 묘약

둘이 하나가 될 수 있는 곳,
그곳에서 에덴으로의 회복이 일어난다. 나와 너의 경계선이 무너진다.

　　홀로 살아가는 사람들이 많아졌다. 휴대폰을 끌어안고
방 안에 갇힌 현대인들은 외로움에 찌들어 있다. 기분 전환
용 만남은 많지만 돌아서면 외롭다. 디지털 혁명은 인간에
게 신속함과 편리를 주었지만 외로움을 안겼다. 혼밥족이
늘고 있다. 식탁은 본래 함께하는 데 묘미가 있다. 먹는 즐
거움은 함께할 때 상승된다. 외로운 식사는 위험한 삶의 신
호다.
　　에덴에 찾아온 불행은 물질의 부족 때문이 아니었다.

관계의 깨어짐이 원인이었다. 에덴 이후 관계 맺는 것이 어려워졌다. 공동체의 상실은 뼈아픈 일이다. 홀로 있어 본 사람은 공동체의 축복이 무엇인지를 안다. 함께할 줄 아는 사람은 행복한 사람이다. 이웃에 대한 환대는 사랑을 이해할 때 가능하다.

디트리히 본회퍼(Dietrich Bonhoeffer)는《성도의 공동생활》이라는 책에서 "홀로 있지 못하는 사람은 함께 있을 수도 없다"라고 말한다. 홀로 있는 법을 익힌 사람이 공동체 안에서 건강한 교제를 나눌 수 있다. 건강한 관계는 하나님 안에서 회복을 통해서 만들어진다. 자신의 영혼을 가꾸지 않는 사람은 공동체 생활이 힘들다. 사람들과 관계를 맺는 일에 피해 의식을 가진 사람들이 의외로 많다. 자아의 껍데

기가 깨어지지 않은 채 맺고 있는 관계는 겉돌기만 하다가 그친다.

엘리야가 로뎀 나무 아래에서 홀로 누워 있을 때는 힘든 순간이었다. 나만 홀로 남아 있다는 외로움의 무게가 그를 무겁게 짓눌렀다. 자신의 약함에 시달렸고 죽고 싶을 정도로 두려움이 밀려올 때 견뎌 내기 어려웠다. 그런 경험이 나쁜 것만은 아니다. 엘리야는 그런 과정을 통해 하나님의 세미한 음성을 듣게 된다.

하나님의 음성이 들리면 외로움의 병은 치유된다. 고독 속에서 주님과 밀도 높은 깊은 교제를 가질 수 있다면 축복이다. 교제의 밀도가 중요하다. 시간의 양보다 질이 관계를 결정한다. 오랜 친구였다가 오해와 갈등으로 이별의 아픔을 맛보는 이유는 미성숙한 상태에 머물러 있기 때문이다. 외로움의 끝에서 주님과 깊은 사귐을 가진 사람은 내적 풍성함을 누리게 된다. 홀로 있을 때나 함께 있을 때나 큰 차이가 없어진다. 존재의 부요함 때문이다.

외로움에 시달려 상대에게 무엇인가를 요구하는 사람들은 아직 함께할 준비가 되지 않았다. 외로움은 상처다. 뒤틀린 관계의 아픔은 삶에 생채기를 만들어 낸다. 가까운 사람들과의 불화는 가슴에 상처를 남긴다. 외로움은 자기를 사랑하지 못할 뿐만 아니라 타인을 사랑하지 못하는 병이다.

내가 나를 모른다. 다른 사람을 통해서 나를 볼 수 있다. 내가 나를 내치면 당연히 남도 내칠 수밖에 없다. 공동체 안의 상호작용을 통해서 인간은 비로소 인간다워진다. 관계를 건강하게 키워 나갈 줄 아는 과정이 성숙에 이르게 한다. 나무가 뿌리를 내리듯 관계도 깊어져 가야 한다. 건강한 관계는 갈수록 깊고 풍성해진다. 견고하게 서 있는 나무처럼 꽃을 피우고 어느 순간 열매를 맺는다. 아름다운 관계를 맺은 삶에는 사랑의 꽃이 핀다.

공동체는 신비로운 곳이다. 바울은 교회 공동체를 그리스도의 몸으로 비유했다. 몸의 신비가 있다. 생명체는 자란다. 엄청난 신비다. 그 안에는 현대인들이 잃어버린 보화가 감추어져 있다. 모여 성경공부를 하는 모임 정도가 아니다. 상업적 방식의 거래가 아니라 십자가 중심의 생명적 결속이다.

그리스도인의 교제는 마법이나 환상이 아니다. 상대를 섬기기 위해 자신을 기꺼이 십자가에 못 박는다. 십자가는 이기심을 못 박는다. 자아 중심으로 매달림의 애절함이 사

라진다. 하나님의 성품이 분출된다. 서로의 몸 안에서 상호
작용을 통해 깊은 치유가 일어난다. 외로움의 병을 치유하
는 묘약은 공동체다. 의미 없는 연결이 아니라 신비적 연합
이다. 그 안에서 치유와 회복, 자유와 평화, 이해와 용서가
오고간다. 공동체 안에 하나님의 임재가 있다.

> 두세 사람이 내 이름으로 모인 곳에는 나도 그들 중에 있느니라
> 마 18:20

둘이 하나가 될 수 있는 곳, 그곳에서 에덴으로의 회복
이 일어난다. 나와 너의 경계선이 무너진다. 온전히 한 몸
된 공동체는 강력하다. 주님이 지상에 남겨 놓으신 것은 공
동체다. 최상의 선물이다.

Q. 엘리야가 로뎀 나무 밑에 실패감과 외로움에 휩싸여 누워 있습니다. 당신은 그의 감정에 공감합니까? 그와 비슷한 처지에 놓여 있었던 경험이 있다면 나눠 봅시다.

_____

_____

_____

_____

Q. 당신에게 공동체는 어떤 의미입니까? 그 속에서 하나님은 어떻게 역사하고 계십니까?

_____

_____

_____

_____

영혼의 어두운 밤을 맞을 때

때로는 넘어지고 망가져도 매듭을 짓고 다시 시작하면 된다.
내미시는 손길은 언제나 우리 곁에 있다.

영혼의 어두운 밤을 맞을 때가 있다. 예고 없이 불쑥 찾
아온다. 신자라면 누구나 영적 침체를 경험한다. 무엇인가
막혀 있는 듯한 답답함, 미궁에 빠진 듯한 느낌이 밀려오
면 당황한다. 기도의 형식을 취하고 있지만 냉랭한 가슴,
예배의 자리에 있지만 어두운 터널에 갇힌 느낌이 들 때가
있다.

묵상은 무질서한 공상으로 바뀌고 하나님이 멀리 떠나
신 듯한 부재를 경험한다. 깨달음의 촉수가 망가지고 영적

건조증에 시달린다. 실어증 환자처럼 기도가 막힌다. 소통이 끊긴 적막감만 깊어진다. 이때 영적으로 벼랑 끝에 선 듯하다.

하나님의 사랑은 옛 추억이 되고 나만 홀로 있는 것 같을 때 자기 연민에 사로잡힌다. 외로움이 깊어지면 어두운 밤이 온다. 기쁨은 사라지고 우울한 감정이 일상을 뒤덮게 된다. 삶이 무미건조하고 무의미해진다. 작은 파도에 표류하는 배처럼 불안정하다.

하나님의 일에 대한 활력이 사라진다. 영적 진지함보다 피상적 참여자가 된다. 의지적으로 빠져나오려고 해도 쉽지 않다. 침체가 길어지면 여러 가지 시험에 노출된다. 유혹은 널려 있다. 한번 죄의 덫에 빠지면 침체는 길어진다.

무슨 일이 일어날지 알 수 없다.

영적으로 세워져 가는 것은 힘겨운 작업이지만 허물어지기는 쉽다. 영적 침체는 하루아침에 일어나는 일은 아니다. 한순간 하나님께 등을 돌리기보다 서서히 일어난다. 조금씩 균열이 쌓여 예기치 않은 순간 찾아온다. 무너지는 과정에는 미세한 조짐들이 있다.

베드로가 갑자기 예수를 부인하고 배반한 것은 아니다. 여러 전조들이 있었다. 작은 실수들을 간과하지 않아야 한다. 형식적인 기도 생활의 반복, 진심이 빠진 신앙 고백, 무의미한 말의 잔치로 가득 찬 예배의 반복은 침체를 불러온다.

무서운 것은 영적 타성이다. 타성에 젖어 들면 영적 긴장감이 사라진다. 감동은 없고 자극만 있는 영적 활동은 형식적으로 변하고 만다. 각종 프로그램에 참여하지만 피상적 접촉이다. 영적 깊은 세계로 들어가지 못하고 변죽만 울리다가 끝난다. 겉으로는 화려한데 속은 텅 빈 상태는 공허할 뿐이다. 이전의 낡은 틀에 갇혀 있다.

대개는 자신의 내면에서 무슨 일이 일어나는지를 간과하지 못한다. 무너지고 난 다음에 후회한다. 영적 타성을 방치하면 사고가 난다. 영적 전쟁에서의 전사자들이 늘어나고 있다. 현상 유지에만 머물러 있는지, 아니면 변화를 계속하고 있는지를 점검해 보아야 한다.

영적 민감성을 회복하는 일이 중요하다. 기계적인 반복은 영적인 일에서 금물이다. 작은 일이라도 그 안에서 의미를 찾아내는 민감성이 필요하다. 일상의 작은 순간에 주목해 보라. 자세히 보면 희망의 불빛들이 어른거리고 있다. 분주하게 살아가는 가운데 놓친 것들, 경박한 삶을 살다 잃어버린 것들을 되찾아야 한다. 허탄한 것들에 집착하고 거짓된 환상을 좇았던 삶에서 돌이켜야 한다. 훼손된 감정이 조금씩 복원되면 기쁨은 다시 찾아오고 의욕이 되살아난다. 영혼의 회복은 멀리에서 일어나는 것이 아니다.

C. S. 루이스는 "내가 그토록 만나지 않으려는 분의 지칠 줄 모르는 다가오심"을 느꼈다고 말한다. 하나님은 우주 바깥에서 팔짱을 끼고 관망하시는 분이 아니다. 우리 곁에 계신다. 단지 우리가 멀다고 여길 뿐이다.

영적 상상력의 복원이 중요하다. 루이스는 하나님을 "초월적 방해자"라고 표현한다. 하나님은 우리가 그분의 소맷자락을 잡아 현관 밖으로 끌어낸 다음 못으로 문을 박

아도 우리 삶에 들어와 간섭하시는 분이라고 말한다. 다가
오시는 하나님을 따돌린다는 것은 어려운 일이다.

영혼의 어두운 밤은 짧을수록 좋다. 실패한 베드로가
낙심한 가슴을 쓸어내리며 디베랴 바닷가에서 절망의 그
물을 내리고 있을 때 부활의 주님이 찾아와 말씀하셨다.

예수께서 이르시되 와서 조반을 먹으라 요 21:12

해변에서 펼쳐진 회복의 향연은 다가오시는 하나님의
선물이다. 연인처럼 부드러운 목소리로 베드로를 다시 일
으켜 세우시는 일은 언제나 주님의 몫이다. 새로운 시작은
하나님의 편에서 내미시는 손을 붙잡을 때 일어난다. 영적
여정은 긴 레이스다. 때로는 넘어지고 망가져도 매듭을 짓
고 다시 시작하면 된다. 내미시는 손길은 언제나 우리 곁에
있다.

Q. 무엇을 해도 감정이 공허할 때가 있지는 않나요? 이를 극복
하기 위해 당신은 무엇을 할 수 있습니까?

_____

_____

_____

_____

Q. 다시 제자들을 부르시고 조반을 먹이신 주님이 지금 당신
을 부르고 계십니다. 그 주님 앞에 어떠한 고백을 하기 원합
니까?

_____

_____

_____

_____

그리스도께 뿌리내리다

영성은 그리스도께 깊이 뿌리를 내리는 일이다.
깊은 곳으로 나아갈수록 그리스도의 측량할 수 없는 부요를
경험할 수 있다.

영성은 꽃보다 뿌리에 관심을 가진다. 표면적인 것보다 이면적인 것을, 바깥이 아니라 안을, 외적 활동보다 내면 세계에 더 심혈을 기울인다. 내가 무슨 일을 얼마나 많이 하느냐보다 그 일을 통해 얼마나 뿌리내리고 있는가를 확인해야 한다. 나무는 뿌리에 생명이 있다. 뿌리 없는 꽃은 조화에 불과하다.

뿌리를 내리는 작업은 인고의 과정이 필요하다. 세상은 꽃에 열광한다. 그러나 뿌리는 화려하지 않다. 외적 활동들

은 일시적으로 화려해 보여도 쉽게 소멸된다. 뿌리내리지 않고 드러내려고 하면 위험하다. 영성은 높아짐이 아니라 내려감이다.

> 그러므로 너희가 그리스도 예수를 주로 받았으니 그 안에서
> 행하되 그 안에 뿌리를 박으며 세움을 받아 교훈을 받은 대로
> 믿음에 굳게 서서 감사함을 넘치게 하라 골 2:6-7

영성은 그리스도께 깊이 뿌리를 내리는 일이다. 그리스도께 뿌리를 내릴 때 존재론적 변화가 일어난다. 그리스도께만 시들지 않는 생명이 있다. 종교 생활은 생명이 없는 외형적 열심으로 끝난다. 빛이 아니라 연기만 자욱하다. 그

리스도 없는 열심은 꽃도 열매도 없다. 신앙생활이 굳어지고 있다면 생명이 소진되고 있는 증상이다.

종교 생활은 인간의 힘에 의존한 외적 활동들로, 뿌리가 없다. 은혜의 원리보다 율법의 원리를 강조하면 성화가 아니라 영적 타락으로 이어진다. 하나님과 관련 없는 무의미한 일들로 분주한 곳에는 우상 숭배가 벌어진다. 외적 분주함으로는 도달할 목적지가 없다.

생명력이 소멸된 활동은 경직된 신앙을 낳는다. 굳어지는 과정은 습관적인 반복으로 인해 진행된다. 습관적인 반복은 조금씩 의미를 퇴색시킨다. 어느 순간 내용은 빠지고 형식만 앙상하게 남을 때 영혼은 피폐해진다. 그때 찾아오는 것이 신앙의 피상성이다. 피상성은 위험하다. 가벼운 접근은 신앙의 본질에서 벗어나게 한다. 소중한 것을 가볍게 다루는 태도가 문제다. 예배, 말씀, 기도라는 성스러운 일들을 경박스럽게 취급하면 거룩한 곳에 속된 것들이 범람하게 된다.

엘리의 아들들은 성전을 놀이터로 삼고 성전의 기물들로 아찔한 게임을 일삼았다. 깊이 생각하지 않으면 거룩함이 천박한 행태로 얼마든지 변질된다. 예배 속에 살지만 예

배가 없다. 활력을 잃은 프로그램으로는 생명의 역사를 맛
볼 수 없다. 말씀의 홍수 속에서도 가슴을 파고드는 생명의
언어를 경험하지 못한다.

딱딱하게 굳어진 신앙은 무기력하다. 일상의 삶 안으로
스며들어가지 못하는 신앙은 늘 겉돈다. 주일과 월요일의
괴리가 갈수록 커져 간다. 신앙의 이중성은 별수 없이 외식
주의자의 길을 걷게 한다.

영성을 지속적으로 다루지 않으면 외식은 불가피해
진다. 일상 속에서의 충만을 경험해야 한다. 유진 피터슨
(Eugene H. Peterson)은 "영성은 살아 계신 하나님을 향한 깨어
있는 관심이며 공동체 속에서 우리가 하나님을 향해 드리
는 신실한 반응이다"라고 말한다.

영성은 하나님과 친밀한 관계를 맺는 것이다. 우리가
하나님을 만나는 곳은 내면 세계다. 내면의 정원으로 주님
을 초대하려면 내면을 가꾸어야 한다. 자신의 마음을 가꾸
지 않는 사람들의 특징은 다른 사람을 바꾸려고 한다는 것
이다. 다른 사람을 판단하고 통제하려고 한다.

어떤 사람으로 인하여 힘들다면 그 사람을 바꾸려고 하
기보다 나에게 바꾸어야 할 것이 없는가를 항상 살펴야 한

다. 다른 사람보다 나의 마음을 바꾸는 것이 더 쉽다. 혁명을 말하기는 쉬워도 나를 바꾸는 것은 어렵다. 세상의 혁명을 말하기는 쉬워도 자신의 마음을 바꾸는 일은 어려운 일이다.

항상 드러난 현상을 다루려고 하기 전에 내면의 세계를 탐사해야 한다. 마음을 오염시키는 경로를 점검하고 내면을 무너뜨리는 요소들로부터 자신을 지켜야 한다. 깊은 곳으로 나아갈수록 그리스도의 측량할 수 없는 부요를 경험할 수 있다.

Q. 그리스도께 뿌리내릴 때 당신에게 어떠한 변화가 일어날 수 있을까요? 당신의 신앙생활은 그리스도께 뿌리내리고 있습니까?

_____

_____

_____

_____

Q. 하나님 안에서 마음을 가꾼다는 것은 어떠한 의미입니까?

_____

_____

_____

_____

정직한 내어 맡김

하나님께 나를 온전히 내어 맡길 때 샬롬을 경험한다.
기도에서 누리는 최상의 특권 중 하나는 안식이다.

누구나 기도하지만 기도는 익숙하지 않은 영역이다. 기도가 익숙해질 때까지는 성령의 도우심을 지속적으로 받아야 한다. 기도를 미사여구로 채운다고 되는 것이 아니다. 바리새인들의 기도의 약점이 무엇이었는가? 그들의 기도는 하나님이 아니라 사람을 향해 있었다.

겉모습이 어떠하든지 중요한 것은 영혼의 진실함이다. 친밀한 부부나 연인들은 서로 바라만 보아도 무언의 대화가 오고 간다. 깊어진 관계에서 일어나는 일이다.

하나님 앞에 잠잠히 있는 것도 기도가 될 수 있다. 잡념을 걷어 내야 한다. 말씀 암송을 하거나 묵상을 하고, 또 조용히 찬양을 하는 시간을 통해서 하나님께로 몰입되어 가는 훈련이 필요하다. 기도가 잘되지 않을 때도 자신을 전적으로 하나님께 내어 맡겨야 한다. 내가 기도하는 것도 필요하지만 하나님이 나를 기도의 세계로 이끌어 가시도록 맡기는 훈련이 중요하다. 기도하고 싶은 열망이 나에게서 시작되기도 하지만, 하나님 편에서 기도하는 마음을 일으키실 때가 있다.

하나님께 나를 온전히 내어 맡길 때 샬롬을 경험한다. 기도에서 누리는 최상의 특권 중 하나는 안식이다. 하나님 품 안에서 사랑을 느낄 때 찾아오는 자연스러운 감정이다.

기도는 하나님과의 밀애다. 하나님께 깊이 몰입될 때 찾아 오는 평안함은 무엇과도 비교할 수 없다.

기도할 때 마음을 활짝 열어야 한다. 눈을 살며시 감고, 가슴을 펴고, 호흡을 길게 내쉬며, 손바닥을 편 채 하나님 의 임재를 기다려 보라. 하나님께로 나아가는 최상의 길은 기도다.

기도한다고 언제나 하나님을 만날 수 있는 것은 아니지 만 훈련이 필요하다. 기도하는 사람은 자신에 대해서 솔직 해야 한다. 종교적 술어를 남발하거나 정형화된 언어들은 가급적 피해야 한다. 피상적 언어들보다 담백하고 진실한 고백을 해야 한다.

자신의 감정과 생각을 있는 그대로 표현해 보라. "하나 님, 나의 마음이 흔들리고 있습니다", "나는 지금 불안해하 고 있습니다." 시편을 읽어 보면 대부분 정직한 고백들이 다. 자신의 감정 상태나 숨겨 둔 생각을 드러내야 한다.

하나님은 정직한 자와 대화를 나누고자 하신다. 하나님 을 온전히 신뢰한다면 깨어진 심령을 토로하는 일을 두려 워하지 않아야 한다. 거짓 없이 아뢰고 도움을 요청하면 된 다. 자신의 연약함을 드러내는 일을 겁내서는 안 된다. 아직 영적 경험이 얕은 단계에서는 혼란과 어둠 안에 있을 수 있지만 가능한 솔직하게 하나님께 자신을 드러내야 한다. 자신의 솔직한 마음을 내어 보일 때 하나님은 기꺼이 만나 주신다.

기도에 있어 경계해야 할 것은 나 중심적으로 관철하려는 태도다. 하나님의 뜻보다 자신의 목적을 성취하려는 경향이 강할수록 하나님을 나 중심적으로 움직이려고 한다. 하나님께 나아가는 일에 방해가 되는 것들을 먼저 제거해야 한다. 무엇보다 자신의 강한 의지나 욕망을 하나님 앞에 내려놓는 훈련을 반복해야 한다. 기도는 하나님 앞에서 수동태다. 기도하고 난 다음에 가져야 하는 중요한 태도는 기다림이다.

하나님을 기다리는 것이 기도다. 내가 원하는 응답보다 하나님을 바라고 기다리는 일에 초점을 맞추어야 한다. 기다림은 어려운 일이다. 기다리는 가운데 어느 순간 하나님이 다가오시는 것을 경험하는 것이 기도다. 하나님은 반드시 기다리는 영혼을 만나 주신다. 하나님은 시공간을 초월해 다가오신다.

하나님은 멀리 계시지 않다. 하나님은 추상적 존재가

아니시다. 둘러싸고 있는 빛을 피할 수 없듯이 하나님을 피할 수 없다. 어디에나 계시는 하나님을 보는 눈이 열려야 한다. 빛 이상으로 하나님은 우리의 삶에 매 순간 침투해 들어오신다.

하나님은 그 누구보다, 어떤 사물보다 더 가까이 실재하신다. 매 순간 하나님 앞에 머물고자 하는 마음을 유지하는 것이 중요하다. 인간적 훈련이나 노력보다 하나님에 대한 민감성을 높여야 한다. 영혼의 갈급함을 가질 때 민감성이 높아진다. 한꺼번에 너무 많은 것을 경험하려고 하면 안 된다. 영성에 조급함은 금물이다. 현재 자신의 위치와 영적 상태에서 한 걸음씩 하나님께로 나아가려고 할 때 이미 기도는 시작된 것이다.

묵상

Q. 하나님은 정직한 자와 대화 나누기를 원하십니다. 당신의
기도는 정직한 기도입니까? 아니면 포장하는 기도입니까?

_____

_____

_____

Q. 지금 내 앞에 하나님이 앉아 계신다고 생각해 봅시다. 그리
고 그분께 지금 내 모습 그대로 고백하는 기도를 드려 봅
시다.

_____

_____

_____

_____

아름다운 결실을 위해

3장

–

성숙

경작하고
씨를 뿌린다

불편한 관계와 마주하다

불편함과 부족함을 극복하면서
십자가의 신비로 나아가는 은혜를 경험한다.

현대인들은 머물러 있기보다 돌아다니는 경향이 많다. 오늘날 문화의 특징은 좋은 환경이나 조건을 향해 계속 옮겨 다닌다는 것이다. 좀 더 장래성이 있거나 우대해 주는 곳을 향해 이주하는 노마드(nomad) 시대다.

미래를 향한 진취성이라는 긍정성도 있지만 잦은 이동으로 인한 부작용도 많다. 지루하거나 힘겨운 현실을 참아 내려고 하기보다 빨리 벗어나고자 한다. 더 나은 보상을 향한 끝없는 이주는 현실에 대한 불만족을 쉽게 드러낸다. 옮겨 다니면서도 지루해하고, 지치도록 활동하면서도 외로워한다.

영적 세계에서도 비슷한 경향들이 나타난다. 불편한 환경에 대한 인내력이 없어지고 있다. 나와 맞지 않는 사람들, 만나면 불편한 사람과 마주치는 환경을 원하지 않는다. 마음에 들지 않으면 갈등하기보다 가능한 피해 버린다. 불편한 사람을 거부하는 것은 자유다. 문제는 만족스럽지 않은 상황을 통한 학습의 기회를 놓치는 것이다. 힘든 상황으로부터 떠나기보다 머물러 있을 때 자신의 내면을 바라볼 기회가 된다.

내가 원하지 않는 환경을 통해서도 빚어 가시려는 하나님의 의도를 받아들일 수 있어야 한다. 불편함과 부족함을 극복하면서 십자가의 신비로 나아가는 은혜를 경험한다. 진실한 영적 갈망 대신에 종교적 소비주의를 좇는 행위를 경계해야 한다. 불편한 현실을 의도적으로 피하고 더 나은 환경과 사람만을 찾아다닌다면 학습은 불가능해진다. 아무 일도 일어나지 않는 곳에서 머물러 있음을 통해 얻는 고귀한 교훈이 있다.

관계에 있어 두 가지 위험성이 늘 있다. 하나는 관계를 피하는 병이다. 고통을 피하기 위해 관계를 의도적으로 거부하는 일이다. 우울증 환자들은 사람들과의 관계를 피하는 증상을 보인다. 관계의 회피는 대부분 과거의 관계를 통한 아픈 상처에서 시작된다.

인간은 혼자서는 살 수 없도록 만들어졌다. 그리스도인이 되는 순간, 모두는 공동체의 일원이 된다. 디트리히 본회퍼는 "공동체 안에 있는 것을 싫어하는 사람은 혼자가 되는 것을 조심하라"라고 말한다.

또 하나는 관계에 집착하는 병이다. 관계를 맺고 우정을 유지하며 친밀감을 증대시키는 것은 건강한 삶의 필수이지만 지나치게 관계에 의존하게 되면 자아의 성숙에 문제가 생긴다.

공동체 활동이 끝나고 홀로 있는 순간이 오면 불안에 시달리는 사람들이 있다. 외로움의 고통을 완화하기 위해 관계에 집착하면 문제를 해결하기보다 더 깊은 고통으로 빠져든다. 자아가 충분히 준비되지 않은 미성숙한 청년이 결혼하면 배우자에게 과도하게 집착하는 경향을 띤다. 집착은 관계를 깨뜨리는 요인 중 하나다. 배우자에게 집착할수록 더 깊은 고독으로 인한 고통을 맛볼 위험성이 높다.

외로움 속에서 하나님을 깊이 만난 경험을 갖지 않으면 관계를 통해 상처를 입는다. 외로움이 또 다른 외로움을 만나고, 필요가 또 다른 필요를 만날 때 갈등은 불가피하다. 단순히 외로움 때문에 사람을 만난다면 이기적 교제로 전락한다.

공동체 안에서 사람들을 피곤하게 하는 사람들이 있다. 자신의 외로움으로 인해 다른 사람에게 집착하고 자기중심적으로 소유하려고 한다. 교제하고 난 뒤 피곤이 몰려온다면 서로 에너지를 주고받기보다 빼앗겼기 때문이다.

나의 허전함과 고통을 달래기 위한 만남은 피곤할 수밖에 없다. 상대가 나에게서 편안한 안식을 누릴 공간을 마련해 줄 수 없기 때문이다. 인간은 관계로부터 무엇인가를 얻으려고 하는 욕구를 가지고 있다. 좋은 유대 관계를 통해 얻는 유익함이 있지만 너무 의존하는 것은 경계해야 한다.

때로는 사람들과의 친밀한 관계가 하나님께로 나아감을 방해하기도 한다. 많은 관계는 하나님께로 깊이 나아가는 일에 방해가 되기도 한다. 어떤 때는 혈연 관계, 부부 관계가 하나님과 깊은 관계 안으로 들어가지 못하도록 방해한다. 하나님과 깊은 교제를 위해 때로는 만남의 절제가 필요하다. 토마스 아 켐피스(Thomas A. Kempis)는 "내면성과 영성을 원하는 사람은 군중을 뒤로하고 떠나 예수님과 함께 시간을 보내야 한다"라고 말한다.

홀로 있기만 하는 사람은 병적인 자기집착에 빠진다. 동시에 공동체 안에서 활동에만 집착하는 사람도 상처를 입기 쉽다. 홀로 있기와 함께하기의 조화가 성숙에 이르는 길이다.

Q. 관계를 피하고 싶거나 혹은 관계가 멀어져 불안했던 경험이
   있는지 생각해 봅시다.

_____

_____

_____

_____

Q. 이를 통해 진단되는 당신 안의 연약함이 있습니까? 당신이
   원하지 않는 상황을 통해서 인도하시는 하나님의 의도는 무
   엇일까요?

_____

_____

_____

_____

더 깊은 곳으로

기독교의 영성의 강은 너무도 깊은데
신자는 얕은 곳에서 안주하려고 한다

1997년 IMF 사태가 갑자기 밀어닥쳤다. 국가 전체가
부도를 맞아 휘청거렸다. 폭풍처럼 밀려온 위기에 기업들
은 도산하고, 벼랑 끝에 내몰린 가정들은 혼란의 늪에 빠졌
다. 위기가 턱밑까지 다가왔어도 국가 재정에 대한 정확한
재고 파악을 못하고 있었다. 재고 파악이 안 되면 대비를
할 수가 없다. 빚을 내 돈처럼 여기며 살았다. 빚이 늘어나
면 신용도가 줄어든다. 신용도 없이 지출이 늘면 파산은 불
가피하다.

영적 세계도 마찬가지다. 겉으로 활동하지만 영적 재고가 없으면 위기 앞에 속수무책이다. 영적 위기는 누구에게나 찾아올 수 있다. 오늘날 외적 환경은 더없이 좋아졌지만 정신적으로는 부실해졌다. 갈수록 내적 결핍이 심화되고 있다. 외견상으로는 영적 풍요 시대다. 십자가 종탑의 불빛이 밤하늘에 수를 놓고, 방송을 통한 설교들이 홍수처럼 쏟아진다. 질 좋은 신앙 서적들을 마음만 먹으면 가질 수 있지만 현실은 다르다. 외적 풍요 속에 내적 갈증이 깊어졌다. 사람들은 영적 공허에 시달리고 있다.

내적 충만이 필요하다. 환경이 요동치는 것보다 영혼이 흔들리는 것이 문제다. 겉모양이 아니라 내적 상태에 공을 들여야 한다. 내면의 힘이 외적 활동을 결정한다. 배를 제작하는 기본은 드러난 부분보다 보이지 않는 부분에 집중하는 것이다. 겉만 화려하게 꾸미면 침몰의 위험이 있다.

신앙의 세계와 비슷하다. 바리새인들은 겉을 꾸미는 데 혈안이었다. 전형적인 형식주의자들이었다. 영혼의 상태에 관심을 기울이지 않으면 위험하다. 복음주의를 대표하는 신학자인 알리스터 맥그래스(Alister E. McGrath)는 "영성을 외면한 어떤 신학도, 교회도, 신학자도 21세기에 살아남기 힘들 것이다"라고 말한다.

분주한 활동에 지친 영혼들이 많다. 경작하지 않은 내면은 잡초 밭과 같다. 돌보지 않으면 갈수록 황폐해진다. 심지 않은 데 나는 것은 잡초다. 농부들은 저절로 열매를 거둘 수 없다는 것을 잘 알고 있다. 아름다운 정원은 정원사의 눈물과 땀에 의해 가꾸어진다. 영혼의 정원은 일평생 가꾸어야 할 작업장이다. 경작은 쉴 수 없다.

영성은 외적 활동보다 내면의 작업에 집중하는 일이다. 영혼은 하루아침에 세워지지 않는다.

눈물을 흘리며 씨를 뿌리는 자는 기쁨으로 거두리로다

시 126:5

눈물이 필요하다. 농작은 쉽지 않다.

자기의 토지를 경작하는 자는 먹을 것이 많으려니와 방탕을
따르는 자는 궁핍함이 많으리라 잠 28:19

아름다운 결실을 생각하는 자만 경작하고 씨를 뿌린다.
영적 경작을 외면하면 궁핍해진다. 영성은 하나님과의 관
계와 관련된다. 하나님과의 관계를 지속적으로, 깊이 성숙
시켜 나가는 것이 영성이다. 영성은 상품처럼 구입할 수 있
는 것이 아니다. 하나님과 활짝 열린 관계 형성이 중심에
자리 잡고 있어야 한다.

신앙이 외적으로 기울어지면 내면성이 결여된 표면적
신앙으로 끝날 수 있다. 신앙생활은 곧 교회생활이고, 교회
생활이란 교회 출석, 기도회 참석, 소그룹 활동 등으로 도
식화되어 있다. 물론 무시하면 안 되는 신앙의 영역이지만
개인적 영성이 결여된 채 외적 활동만으로는 한계가 있다.

신앙생활을 하다 보면 영적 건조함이 찾아온다. 경이
로움이 사라지면 예기치 않은 순간 영적인 고갈에 시달린
다. 깊은 샘물을 파지 않으면 탁한 물을 들이켜야 한다. 외

적 활동에 치우치다 보면 한계에 부딪힌다. 깊어지지 않으면 식상해지고 경박스러워진다. 자신도 모르게 영적 허세에 빠지기 쉽다.

깊어지지 않으면 포장이 심해진다. 영성으로 새로워지지 않으면 신앙의 내재화 작업이 일어나지 않는다. 타오르다가 금방 사라져 버리는 불꽃과 같다. 결국 표피적 신앙으로 표류하게 된다. 깊이 없는 영성은 붕괴의 위험성에 처하게 된다.

그동안 한국 교회의 신앙은 전투적이고 과업지향적이었다. 따뜻하고 안식을 누리는 삶의 관조(觀照)가 부족했다. 열정은 넘쳤지만 안으로 여물어 감에 대한 아쉬움이 있었다. 세상은 신자들의 깊이 없는 요란함과 가벼움에 실망했다. 영적 세계의 풍요와 깊이에 천착하지 못한 것에 대한 자성이 필요하다. 영성의 강은 너무도 깊은데 신자는 얕은 곳에서 안주하려고 한다. 더 깊은 곳으로 가야 한다. 기독교 영성의 강은 깊다.

Q. 밖에서의 나와, 내면에서의 내가 다르게 느껴질 때가 있습
니까? 그때 당신의 감정은 어떠합니까?

_____

_____

_____

_____

Q. 당신이 하는 일들이 주는 기쁨이 홀로 있을 때도 지속됩
니까?

_____

_____

_____

_____

삶의 깊이, 영혼의 질

영혼은 하나님께 닿아 있을 때 깊어진다.
하나님과의 활짝 열린 교제에서 영혼은 꽃을 피운다.

가시적인 것을 좇는 세상이다. 모든 것을 수치로, 통계로 평가한다. 과학은 물질계에 집중한다. 보이는 것에만 몰두하는 세상은 영혼을 무시한다. 영혼은 육안으로 볼 수 없다. 세상은 영혼을 무가치하게 취급하고 육체만 강조한다. 육체만 전부라고 생각하는 사람에게는 외적 활동만 요란하다. 그릇은 멋있지만 내용물이 담겨 있지 않으면 왠지 허전하다.

현대인들은 원인을 알 수 없는 결핍에 시달린다. 영혼

을 무시한 결과다. 불행과 고통은 영혼의 상태를 알리는 외적 증상에 불과하다. 현대인들은 정신없이 바쁘다. 영혼이 실종된 삶은 자기기만에 빠져 있다. 분주하고 쫓기며 살아가지만 방향을 잃으면 지친 몸만 남는다.

돌보지 않은 영혼은 황무지와 같다. 초라한 영혼은 미세한 사건에도 심하게 흔들린다. 쉽게 상처 입고 병든다. 빈약한 영혼은 자신을 과대포장한다. 겉치레가 심해진다는 것은 영혼이 빈약하다는 뜻이다. 외적인 성취와 자랑할 만한 업적에도 불안스럽게 움츠려 있는 사람들이 많다. 어디엔가에 영혼이 볼모 잡혀 있다.

삶의 경박성은 가난한 영혼에서 비롯된다. 육체는 언제나 노출되어 있어 상태를 금방 알 수 있지만, 영혼은 가려

져 있어 무시한다. 육체가 화려할수록 영혼은 빈약할 가능
성이 높다. 기름지고 화려한 것들이 넘쳐 나는 세상이지만
영혼은 기근을 만난 시대다.

영혼은 쉽게 변질되고 타락한다. 영혼은 하늘을 향하기
보다 바닥을 향해 내리막길로 치달을 때가 많다. 얄팍한 영
혼은 허공에서 바람처럼 흩날리는 먼지와 같다. 종잡을 수
없는 인생은 천박한 영혼의 소유자다. 육체의 포만감에 찌
들어 살지만, 영혼은 빈사 상태에 놓인 현대인들이 많다.
영혼이 없는 몸은 이미 죽은 자와 같다. 몸의 기능은 영혼
의 질에 달려 있다.

아름다운 삶을 사는 사람들은 영혼의 가치를 알고 있
다. 중요한 것들은 영혼에서 일어난다. 영혼이 병들면 모든
것이 시들해진다. 육체는 영혼이 있어 귀중하다. 살아 있다
는 것은 곧 영혼에 의해 결정된다. 영혼이 건강할 때 육체
는 의미가 있다.

영혼의 질이 삶을 결정한다. 삶의 깊이는 영혼의 깊이
다. 외적 조건들이 힘들어도 영혼이 견고하면 이긴다. 영혼
이 회복되면 삶은 다시 일어선다. 영혼이 부요하기만 하면
채근하는 육체의 욕구에 끌려다니지 않아도 된다.

문제는 영혼은 저절로 건강해지지 않는다는 것이다. 죄성을 가진 인간의 영혼은 쉽게 망가진다. 영혼을 방치하면 값비싼 대가를 지불해야 한다. 은행 잔고가 삶을 초라하게 만들지 않는다. 영혼의 부도가 문제다. 삶이 망가지기 전에 영혼이 먼저 망가진다. 다듬어지지 않은 영혼은 무질서하고 혼란스럽다.

빈약한 영혼은 길을 잃는다. 숨겨진 인간의 욕망은 영혼의 길을 잃게 하는 주범이다. 욕망은 수시로 인간의 영혼을 들쑤셔 놓는다. 흔들리는 영혼은 욕망에 끌려다니다 피폐해진다. 작고 연약한 영혼으로는 무거운 삶의 압력을 버텨 낼 수 없다. 턱없이 부족한 영혼의 무게는 삶의 압박을 이겨 내지 못한다. 지치고 상한 영혼은 늘 흔들리는 갈대다. 피폐한 영혼에서 건져 올릴 수 있는 것은 없다.

예수는 돌이 떡이 되게 하라는 유혹 앞에서 떡보다 진리를 택하셨다. 영혼의 부를 쌓아야 한다. 영혼의 소리에 귀를 기울일 줄 알아야 한다. 영혼의 외침에 반응해야 한다. 영혼의 질은 영성 훈련을 통해서 만들어진다. 부지런히 돌보아야 한다. 우선순위에 두어야 한다. 영성은 영혼을 다루는 섬세한 일이다. 몸을 가꾸는 것에만 몰두하면 영혼이 질식하게 된다.

영혼은 돈이나 인기로 채워지지 않는다. 나의 영혼을 대신 채워 줄 수 있는 사람은 없다. 돌보고 책임을 져야 할 사람은 자기 자신이다. 무게 중심을 옮겨야 한다. 껍데기가 아니라 보이지 않는 세계를 돌봐야 한다. 지금 나의 영혼은 어디에 놓여 있는지를 확인해야 한다.

과제는 영혼의 질이다. 영혼의 질은 하나님의 손길 안에서 결정된다. 영혼은 하나님께 닿아 있을 때 깊어진다. 하나님과의 활짝 열린 교제에서 영혼은 꽃을 피운다. 혼란과 무질서가 사라지고 평온에 휩싸인 영혼은 복되다. 복된 인생은 영혼의 상태로 결정된다. 영혼이 잘되면 범사에 잘되고 강건하게 되어 있다.

Q. 당신이 남의 시선을 의식하는 때는 언제인가요? 언제 자신
을 꾸미고 포장하는지 당신의 내면의 실제를 살피고 생각해
봅시다.

_____

_____

_____

Q. 영혼을 택한 사람에게 어떠한 복이 있습니까? 당신은 삶의
무게 중심을 어디로 옮기길 원하나요?

_____

_____

_____

_____

고독과 정직한 대면, 창조의 시간

고립된 환경을 회피하지 않고 받아들일 때
십자가의 신비 가운데로 이끌림을 받게 된다.

개인주의가 갈수록 심화되어 간다. 경쟁적 사회에서 인
간은 고립되어 있다. 신나는 파티를 하고 돌아오는 길에 외
로움은 이미 가슴에 차 있다. 만남은 많지만 모두 자신을
드러내기에 바쁘다. 피상적인 관계로 얽혀 있을 뿐 속마음
을 편안하게 드러낼 곳은 없다. 밀고 당기는 관계는 감정적
에너지의 소비가 많아 피곤하다. 겉도는 대화는 공허를 불
러온다.

관계를 갈망하는 내면의 욕구는 본능적이다. 개인주의

적 삶을 추구하지만 끊임없이 관계를 원한다. 친밀함의 욕구는 강렬하다. 정신적 질병이 만연한 이유는 친밀한 관계의 단절에 있다. 아이들도 부모와의 친밀감 결여가 탈선과 범죄로 연결되는 경우가 많다. 사람들은 친밀한 관계 속에서도 두려움을 느낀다. '언젠가 끝이 나지 않을까?' 하는 막연한 두려움 때문이다. 외로움은 두려운 일이다. 외로움을 해소할 대체물을 찾으려고 할 때 위험하다.

오늘날 문화 속에는 사람들을 현혹하는 모조품이 늘어져 있다. 불행은 가짜를 진짜처럼 여기는 무분별에서 온다. 사람들은 외롭지 않으려고 일을 만들어 바쁘게 돌아다닌다. 수많은 채널의 최첨단 유선방송은 어떤가? 핸드폰과 쉴 새 없이 울리는 SNS 알림음은 외로움의 절규처럼 들린다.

온 세상과 연결하라는 인터넷의 유혹에 포로 된 자들이 많다. 잠시의 고요함도 받아들이기 어려워한다. 현대인들은 고요보다 소란함에 익숙해져 있다. 외로움을 견디지 못해 순간의 짜릿함에 길들여진 중독자들이 늘어나고 있다. 조급하고 수다스러우며 산만하고 분주한 것이 문제다. 끊임없이 옮겨 다니는 문화다. 한곳에 지긋이 머물러 있지 못하는 병에 걸린 사람들이 많다.

조용한 곳에서 고독과 침묵의 시간을 의도적으로 만들어야 한다. 도시 속의 사막이다. 은둔의 공간이 필요하다. 영적 조급증을 경계해야 한다. 빨리 은혜를 받고자 즉시 응답을 원한다면 거짓된 신을 추종할 가능성이 높다. 기다림의 미학이 있어야 한다.

나에게 맞는 것을 찾아 떠돌아다니는 몽유병 환자들이 많다. 잠잠히 기도의 자리에 앉아 있는 훈련이 필요하다. 한곳에 머물러 있는 것은 힘든 일이다. 나와 맞지 않는 사람과 함께하는 일이나 내가 원하지 않는 환경과 마주하는 일도 어려운 일이다. 아무 일도 일어나지 않아도 그 자리를 지켜내는 일은 결코 쉬운 일이 아니다. 내가 원하지 않아도 머물러 있을 줄 알 때 비로소 자신의 내면을 바라보게 된다.

고독의 자리 끝에서 자신과 정직한 대면을 해야 한다. 자신과의 대면은 가장 힘겨운 일이다. 홀로 있기를 거부하는 이유 중 하나다. 정직한 자신과 직면하지 않고는 누구와도 참된 교제를 나눌 수 없다. 고독이 주는 유익은 자신의 민낯을 보는 것이다. 그때 거짓된 자아에 둘러싸여 살아왔던 과거의 삶에서 벗어나는 과정을 거쳐야 한다. 자기 자신을 속이며 살아온 자신의 과거와 결별해야 한다.

고립된 환경을 회피하지 않고 받아들일 때 십자가의 신비 가운데로 이끌림을 받게 된다. 즉각적 만족이 아닌 어려운 상황 속에서 도피하지 않고 잠잠히 기다리는 시간의 끝에서 경험하는 하나님이 있다. 긴 시간의 어느 시점을 통과하면 신기하게도 불안하게 요동치던 감정은 서서히 가라앉고 샬롬이 밀려든다.

외로움의 시간이 창조적 시간으로 바뀔 때 찾아오는 독특한 기쁨은 감미롭다. 외로움의 환경으로 몰려 갈 때, 내가 원하지 않는 상황 속으로 들어갈 때 피하지 않고 직면해 보는 훈련은 유익하다.

홀로 있다는 것은 지리적인 것이 아니라 영적인 공간을 말한다. 그곳에서 내가 얼마나 영적인 교훈을 깨닫고 훈련할 수 있는가가 중요하다. 리처드 포스터(Richard Foster)는 "홀로 있는 고독은 내적 공허가 아니라 내적 충만이다"라고 말한다.

　홀로 있을 때 하나님을 깊이 경험할 수 있다. 하나님 한 분과만 보낼 수 있는 공간에서 모든 속박으로부터 자유를 얻게 된다. 홀로 있음을 통해 작고 하찮은 것들로 치부했던 것까지 의미 있게 다가온다. 누군가를 만나지 않아도 나는 이미 충만해져 있다. 그때부터 교제는 시작된다.

Q. 개인주의와 경쟁 사회는 사람을 피곤하게 만듭니다. 당신은 그 사실에 동의합니까? 누군가를 만나고 경쟁하며 피곤했던 경험이 있는지 생각해 봅시다.

_____

_____

_____

_____

Q. 내적 충만함은 무엇으로부터 시작합니까? 이를 위해 바뀌어야 할 나의 모습이 있습니까?

_____

_____

_____

_____

정체성을 세우다

나는 누구인가? 나는 지금 어떤 단계에 있는가?
정체성은 그리스도 안에서 풀어야 한다.

　유아기에서부터 장년기에 이르는 단계가 있듯이 영적 성장에도 단계가 있다. 성인으로 태어나는 사람은 없다. 누구나 어린아이로 시작한다.

　요한일서 2장 12-14절을 보면 아이, 청년, 아비가 나온다. 아이는 돌봄이 필요한 단계다. 태어난 순간 아이는 집중적 돌봄을 받아야 한다. 부모의 눈물겨운 돌봄이 없다면 존재 자체가 불가능하다. 어린아이는 부모에 철저히 의존된 존재다. 유아기의 단계는 부모로부터 공급받는 것에 의존한다. 부모는 아이에게서 한순간도 눈을 뗄 수 없다. 아이의 단계는 자기중심적이다. 부모의 상태를 고려하지 않고 운다. 요구하는 것도 많다. 어린아이는 불안정하다. 늘 흔들린다. 뿌리가 얕다. 쉽게 속임수에 넘어간다. 분별력이 없기 때문이다. 진리와 거짓에 대해 분별을 하지 못한다.

바울은 어린아이의 일을 벗으라고 했다.

이는 우리가 이제부터 어린아이가 되지 아니하여 사람의 속임수와 간사한 유혹에 빠져 온갖 교훈의 풍조에 밀려 요동하지 않게 하려 함이라 엡 4:14

영적인 어린아이들은 이단의 유혹에 쉽게 노출된다. 양

들을 노리는 이리 떼들이 많다. 자신의 영혼을 지킬 수 있는 준비가 덜 된 상태다. 공동체가 보호막이 되어 주어야 한다. 이때는 하나님 안에서 자신의 가치를 아직 발견하지 못한 상태다. 주님과의 관계 속에서 안정감을 찾지 못하고 다른 것을 찾으려고 애를 쓴다.

영적으로 어린 사람들은 기댈 영적 거인을 찾고 그 안에서 안정감을 찾으려고 한다. 어릴수록 사람에 대한 의존성이 강하다. 무엇인가를 행함으로 안정감을 얻으려고 한다. 성경 읽기, 묵상, 기도 등을 위해 노력을 하지만 어느 순간 무너진다. 실패 의식에 빠지고 힘들어한다. 열심히 하지 못한 자신에 대한 정죄감에 사로잡힌다. 여러 방면으로 노력을 하지만 좌절을 맛보고 그만두는 일이 많다.

내적 견고함이 없기 때문에 세상의 풍조에 떠밀려 다닌다. 아직 세상의 방식과 유행에 민감하다. 세상의 것들로 안정감을 얻거나 정체성을 찾으려고 한다. 돈, 인기, 외모, 직업 등이 여전히 매력적인 주제들이다.

어린아이의 모습을 벗어나려면 정체성을 확립해야 한다. 나는 누구인가? 나는 지금 어떤 단계에 있는가? 그리스도 안에서 정체성이 분명하지 않으면 아직 어린아이 단계다. 정체성은 그리스도 안에서 풀어야 한다.

예수님은 제자들에게 "이제부터는 너희를 종이라 하지 아니하리니 종은 주인이 하는 것을 알지 못함이라 너희를 친구라 하였노니"(요 15:15)라고 말씀하셨다. 종에서 친구로의 변화다. 새로운 관계다.

> 우리는 그가 만드신 바라 그리스도 예수 안에서 선한 일을 위하여 지으심을 받은 자니 이 일은 하나님이 전에 예비하사 우리로 그 가운데서 행하게 하려 하심이니라 엡 2:10

하나님의 포이에마(poiema), 걸작품으로 바뀌었다.

> 너희는 택하신 족속이요 왕 같은 제사장들이요 거룩한 나라요 그의 소유가 된 백성이니 벧전 2:9

왕 같은 제사장의 신분이 주어졌다.

> 하늘로부터 소리가 있어 말씀하시되 이는 내 사랑하는 아들이요 내 기뻐하는 자라 하시니라 마 3:17

아버지와 아들의 관계로 맺어졌다.

그런즉 누구든지 그리스도 안에 있으면 새로운 피조물이라 이전 것은 지나갔으니 보라 새것이 되었도다 고후 5:17

이 모든 구절을 통해 신자의 정체성을 확인하는 일이 중요하다.

그리스도 안에 있으면 더 이상 자신에 대해서 무가치하게 여기면 안 된다. 어떤 경우에도 자신에 대해서 절망할 이유가 없다. 실패했다고 낙심할 이유가 없다. 작은 일에도 좌절을 자주 느낀다면 그 뿌리가 그리스도가 아닌 자기 욕심일 가능성이 높다.

무엇인가를 성취함으로 인정받고 싶은 욕구를 내려놓아야 한다. 그리스도 안에 뿌리를 내려야 한다. 은혜가 아닌 자신의 힘으로 얻어 내고자 한다면 스스로 공허한 광야의 길로 들어서게 된다. 자기중심적인 욕심의 뿌리를 제거하고 그리스도 안에 뿌리를 조금씩 내려야 비로소 어린아이의 모습을 벗어나게 된다.

Q. 마태복음 3장 17절과 고린도후서 5장 17절은 우리와 하나
님의 관계를 무엇이라 말합니까? 그렇다면 신자로서 당신
의 정체성은 어떻게 정립됩니까?

_____

_____

_____

_____

Q. 하나님 안에서 정체성을 확고히 함으로 오는 유익은 무엇입
니까? 이것은 앞으로 당신의 인생에 어떠한 영향을 주리라
생각하나요?

_____

_____

_____

_____

영적 성장의 길

하나님의 사랑 안에서 수용된 나를 받아들일 때
육체의 일을 벗고 서서히 영에 속한 자로 살아가게 된다.

생명체는 성장한다. 생명의 특성이다. 생명 안에 성장
DNA가 들어 있다. 엄동설한에 비바람이 몰아쳐도 한쪽
구석에서 피어나는 꽃이 있다. 생명은 솟구쳐 오르는 힘이
있다. 그리스도인이 되었다는 것은 생명을 얻었다는 뜻이
다. 십자가와 부활로 말미암아 얻은 새 생명이다. 하나님으
로부터 온 농축된 생명력은 상상을 초월한다. 성장의 의지
는 잠시도 멈추어 있지 않다.

생명은 신비롭다. 사망의 권세를 능가한다. 말씀의 씨

가 심기고 복음의 능력이 잠입하면 성장은 시작된다. 누구
나 어린아이로부터 시작한다. 시작 단계는 불완전하다. 미
성숙한 상태에서는 정체성의 혼란을 겪는다. 내가 누구인
가에 대한 정리가 끝나지 않았기 때문이다. 청소년기를 지
나는 동안 불필요한 것에 에너지를 많이 낭비한다.

바울은 고린도교회 안에 있는 육신에 속한 자의 특성을
열거하며 이들을 어린아이와 같이 대한다고 말했다.

형제들아 내가 신령한 자들을 대함과 같이 너희에게 말할 수
없어서 육신에 속한 자 곧 그리스도 안에서 어린아이들을 대
함과 같이 하노라 고전 3:1

젖을 먹고 밥을 먹지 못하면 어린아이다.

내가 너희를 젖으로 먹이고 밥으로 아니하였노니 이는 너희가
감당하지 못하였음이거니와 지금도 못하리라 고전 3:2

어린아이들은 행동에 특징이 있다. 자기중심적이다. 아
직 육체의 굴레에서 벗어나지 못하고 있다. 시기와 분쟁은
영적 어린아이 상태에서 일어난다. 늘 유치한 행동을 반복
하게 된다.

너희는 아직도 육신에 속한 자로다 너희 가운데 시기와 분쟁이
있으니 어찌 육신에 속하여 사람을 따라 행함이 아니리요 고전 3:3

주님은 일꾼이 적다고 말씀하셨다. 어떤 일꾼인가? 주
님의 마음을 가진 일꾼이다. 하나님을 위해서 일하긴 하지
만 자기중심적인 사람들이 많다. 열심히 하는데 혈기로 감
당한다. 주님의 마음을 가진 일꾼은 주님의 시각을 가지고
일을 한다.

제자들은 일은 하긴 하는데 경쟁적이었다. 베드로는 자

아가 강했다. 자기의 육체를 신뢰했다. 자신의 거짓된 자아에서 벗어나지 못한 상태였다. 자신은 누구보다 잘하고 있다고 자부했다. 그런 태도는 하나님 나라를 섬기는 것에 기초한 모습이 아니다. 그는 결단하지만 처절하게 실패했다.

자신이 결코 말씀을 따라 행할 수 있는 사람이 아니라는 것을 깨닫는 데에는 오랜 시간이 걸린다. 성장에는 시간이 걸린다. 많은 시행착오를 거쳐야 한다. 실패를 통한 자기 성찰이 필요하다.

어린아이의 모습에는 부정적 이미지들이 많다. 깨어진 자아상이다. 자신을 건강하게 바라보지 못한다. 상처 입은 영혼은 자기를 거부한다. 치유가 필요하다. 죄성의 지배 아래에 있는 사람은 자신을 진정으로 사랑하지 못한다. 자신을 제대로 평가할 수 있는 안목이 없다. 깨어진 자아상을 가진 사람은 타인을 볼 때도 긍정적 평가를 내리지 못한다.

복음 안에서 자아상의 회복이 일어나야 한다. 하나님의 시각으로 나를 바라보면 가능성을 보게 된다. 복음 안에서 나를 새롭게 바라보는 눈이 열려야 한다. 그리스도 안에서 자신의 가치를 발견하는 일이다. 내 안에 그리스도를 모셨다는 것은 놀라운 일이다.

베드로가 이르되 은과 금은 내게 없거니와 내게 있는 이것을
네게 주노니 나사렛 예수 그리스도의 이름으로 일어나 걸으라
하고 행 3:6

베드로는 놀라운 선포를 했다. 단순한 자신감에서 나온
것이 아니다. 그리스도 안에서 주어진 새로운 신분에서 나
온 담대함이다. 더 이상 디베랴 바닷가에서 절망했던 베드
로의 모습은 찾아볼 수 없다. 그는 자신 안에 엄청난 것이
있다는 사실을 발견했다.

그리스도를 온전히 만나면 내가 누구인지 알게 된다.
내가 얼마나 죄인인가를 알 때 겸손을 배운다. 쓸데없는 자
존심 싸움을 하지 않는다. 자신이 얼마나 연약한가를 인식
할수록 십자가를 붙든다.

인간으로는 소망이 없음을 철저히 인식할 때 자신의 교
만이 무너지고 어린아이의 모습은 벗겨진다. 더 이상 자신
의 육체를 의지하지 않고 그리스도를 의지하는 자로 나아
간다. 자신의 연약함과 실패에도 하나님의 사랑 안에서 수
용된 나를 받아들일 때 육체의 일을 벗고 서서히 영에 속
한 자로 살아가게 된다.

Q. 성장하기 전 베드로는 어떠한 모습이었습니까? 사도행전 3장에서의 베드로는 어떤 부분이 달라졌습니까? 그가 변화될 수 있었던 이유는 무엇인지 생각해 봅시다.

_____

_____

_____

_____

Q. 당신에게도 그러한 영적 변화가 있었습니까? 더욱 성장하기 위해 당신이 붙들어야 할 것은 무엇입니까?

_____

_____

_____

_____

익숙함이 아닌 성숙함으로

표피적 신앙을 탈피하고 영적 상태에 민감하게 직면해야 한다.
알고 있는 것과 그 실체를 경험하는 것은 하늘과 땅 차이다.

'영성'이라는 말은 '종교'와 구별된다. 영성 생활과 종교
생활은 다르다. 신앙 생활이 굳어지면 종교가 된다. 종교란
제도화된 신앙 행태를 말한다. 전통이 쌓이고 체계화되면
서 서서히 본래의 정신에서 벗어나 내용보다 외형에 더 집
중할 때 일어나는 흐름이다. 영혼에 집중하기보다 제도 유
지와 조직 강화에 더 집중하게 되면 종교화로 간다. 종교화
될수록 인위적인 요소가 많이 가미되고 부자연스럽다.

종교는 외형을, 영성은 내면에 관심을 쏟는다. 종교화

될 때 생명력을 잃는다. 당연히 인간의 힘에 의존한다. 종교화되어 가는 것은 신앙의 굳어짐에서 온다. 굳어지는 과정은 습관적 반복으로 인해 일어난다. 왔다 갔다 하는 동안에 저절로 의미를 잃어 간다. 아브라함 헤셸(Abraham J. Heschel)은 "영적 생활에서 당연시하는 것이 가장 큰 위험이다"라고 말한다. 내용이 빠지고 형식만 남으면, 그때 신앙의 피상성이 찾아온다.

피상성은 위험하다. 늘 하고 있는 것들을 성찰하지 않으면 피상성에 빠진다. 예배 속에 살지만 예배가 없다. 말씀의 홍수 속에 있지만 생명의 언어를 건져 올리지 못한다. 외적 의무 준수에 열심이지만 활력은 없다. 하나님에 관련된 일을 하지만 하나님과는 관련이 없다.

뜨겁게 시작했던 신앙도 세월이 흐르면 나도 모르게 무덤덤해진다. 영적 타락보다 더 무서운 것은 영적 타성이라고 했다. 영적 타성에 젖으면 자신의 상태를 보지 못하기 때문에 변화하려고 하는 의지 자체가 없다. 땅을 계속 기경하지 않으면 굳어지듯이, 부단히 몸부림치지 않으면 누구라도 침체의 늪에 빠질 수 있다.

눈에 보이는 모든 것은 쇠퇴하려는 힘의 지배를 받는다. 신앙도 마찬가지다. 시간이 흐르면 모든 것은 변질된다. 중립 상태로 고정되어 있지 않다. 변화보다 변질의 위협을 받는다. 변화는 선택의 문제이기보다 생명의 문제다.

신앙이 굳어질 때 어떤 일이 일어나는가? 생동감이 없다. 지루하다. 하나님의 임재 경험이 없는 예배의 반복은 형식만 중요해진다. 기도라는 외적 행위는 있는데 하나님과의 사귐은 묘연하다. 하나님의 말씀을 듣기는 하는데 지적 이해를 넘어서지 못하면 곧 한계에 부딪힌다.

요한복음 3장에서 니고데모는 밤중에 예수님을 찾아왔다. 그는 산헤드린 공회원이고 동시에 바리새인이었다. 누가 보아도 모든 것을 갖춘 종교 지도자였다. 날마다 성전을 드나들며 왕성한 활동을 한 인정받는 사람이었다.

그가 밤중에 예수님을 찾아온 이유는 종교적 열심으로 채워지지 않는 갈증 때문이었다. 자신의 영혼에 정직하게 반응했다. 그는 새로운 종교를 찾고 있는 것이 아니라 새로운 영성을 찾았다. 새로운 형식과 제도가 아니라 본질을 갈망했다. 당시의 거대한 종교 체계인 유대교의 실상을 드러냈다. 영이신 하나님과 깊은 사귐을 갖기 원했지만 허전하게 돌아갔다. 요한복음 4장에 나오는 사마리아 여인 역시 갈증을 가지고 있었지만 그리스도를 만나면서 해결되었다.

갈수록 불안사회가 되고 있다. 모두 무엇인가를 붙들고 있지만 흔들리는 인생을 산다. 메마른 교리의 이해와 인간적 신념으로는 오늘의 세상을 이길 수 없다. 영성은 영혼이 뿌리를 내리는 작업이다. 뿌리가 없는 영혼은 갈 곳을 잃는다. 교회를 다니는 것으로만 만족하지 말고 영혼을 돌아보아야 한다.

그리스도의 복음 안으로 깊이 들어가면 참된 생명이 있다. 그 안에 변화의 에너지가 흘러넘친다. 표피적 신앙을 탈피하고 영적 상태에 민감하게 직면해야 한다. 영혼의 깊은 곳에서 밀고 올라오는 영적 고민에 답을 찾아야 한다.

영적 민감성의 복원이 필요하다. 피할 수 없는 하나님으로부터 밀고 들어오는 은혜의 급습을 일상에서 경험한다면 삶은 확연히 달라진다. "그가 내 안에, 내가 그 안에 거하면"(요 15:5)이라는 말씀을 암송하고 알고 있는 것과 그 실체를 경험하는 것은 하늘과 땅 차이다. 형식의 반복이 아니라 내용 안으로 깊이 들어가면 익숙해지는 것이 아니라 성숙함으로 깊어져 가야 정상이다.

Q. 제도화된 신앙생활과 영성 생활은 어떠한 차이가 있습니까? 지금 당신의 신앙생활은 어디에 가깝다고 생각됩니까?

_____

_____

_____

_____

Q. 피상적인 신앙생활의 루틴에서 니고데모는 어떻게 벗어날 수 있었을까요? 영적 민감성을 복원하기 위해 당신은 무엇을 실천하겠습니까?

_____

_____

_____

_____

하나님과 결을 맞춘 사람

하나님은 당신의 심장을 이식받은 종들을 지금도 찾고 계신다.
하나님과 결을 맞춘 사람들이 영적 아비들이다.

영적 성숙의 길로 가려면 영적 가이드가 필요하다. 홀
로 설 수 있는 사람은 없다. 탁월한 영적 안내자는 사람들
을 예수께로 안내한다. 영적 안내자는 자칫하면 하나님과
사람의 중간에 서서 하나님을 보지 못하게 하는 우를 범할
수 있다. 미숙한 인도자는 사람들로 하여금 끝없이 자기만
을 의지하게 만든다.

물론 영적 지도자와 따르는 자는 어느 정도의 의존적
관계가 불가피하지만 의존이 지나쳐 그리스도를 바라보지

못하게 된다면 위험한 일이다. 바람직한 관계는 그리스도 안에서 상호 의존적이어야 한다. 독립에서 의존으로, 의존에서 상호의존으로 가는 단계를 거쳐야 한다.

성숙의 목표는 그리스도다. 지속해서 바라보아야 할 대상은 한 분이시다.

우리가 다 하나님의 아들을 믿는 것과 아는 일에 하나가 되어 온전한 사람을 이루어 그리스도의 장성한 분량이 충만한 데까지 이르리니 엡 4:13

사람들은 일을 좋아한다. 무엇을 하느냐보다 더 중요한 것은 내가 누구냐. 순서가 바뀌면 안 된다. 교회 안에서도 일꾼이 아니라 일감이 되는 경우가 많다. 준비되지 않으면 일감이 된다. 문제를 해결하는 사람이 아니라 문제를 만들어 내는 사람이 된다. 진정한 일꾼은 일을 잘하는 정도로 끝나지 않고 좋은 일꾼을 만들어 낸다. 영적 아비다. 영적 아비는 인생을 자신만을 위해 살지 않는다. 거룩한 책임감을 가진 삶을 산다.

어떤 문제가 일어날 때 책임을 지려는 자와 비난을 하는 자는 확연히 구분된다. 다른 지체의 연약함을 볼 때 판단하는 자가 아니라 아픔을 느낀다면 아비가 된 것이다. 다른 지체가 잘되었을 때 아낌없이 박수와 칭찬을 해 줄 수 있다면 영적 아비의 위치에 선 것이다. 아비는 자녀와 경쟁하지 않는다. 자녀를 진정으로 축복한다.

언제 성숙한 아비가 될 수 있는가? 아비의 마음을 알 때다. 아비의 마음을 아는 데는 세월이 필요하다. 아버지의 마음을 아는 것이 성숙이다. 어떤 사건을 바라볼 때마다 아버지 하나님의 마음을 먼저 생각한다면 성숙한 그리스도인이다. 늘 하나님 아버지께서 무엇이라고 말씀하시는지를 듣고자 하는 태도를 견지해야 한다.

하나님과의 친밀한 교제를 통해서 성숙으로 나아간다.

교제가 깊어지면 아버지의 마음 안으로 들어가게 된다. 어떤 필요를 가지고 나아가는 것이 아니라 그분의 임재 앞에 머물러 있는 시간을 가져야 한다. 기도하는 것은 다름 아닌 함께하는 것이다.

성숙한 아비가 많으면 건강한 공동체가 된다. 돌봄이 필요한 아이들만 많으면 공동체는 생산적 공동체이기보다 소비적 공동체가 된다.

좋은 아비들이 많아지려면 아비의 역할 모델이 있어야 한다. 최고의 역할 모델은 하늘 아버지시다. 아버지를 모방하는 일은 아버지와의 교제를 통해서 일어난다. 사랑의 아버지, 무한하게 품어 주시는 아버지, 기다려 주시는 아버지, 희생할 줄 아시는 아버지…. 세상 그 어디에서도 볼 수 없는 분이시다. 아버지 하나님의 마음을 품을 때부터 하나님 나라의 좋은 일꾼이 된다.

모세는 자신을 향해 돌을 드는 사람들을 가슴으로 품어 냈다. 그는 광야에서 아비의 마음을 가지고 있었다. 아버지는 싸우지 않고 품는 사람이다. 시기하고 질투하지 않는다. 아비의 성숙은 그 안에서 모두가 평화롭게 지내게 한다. 가장 중요한 일은 아버지와의 친밀함을 가질 때 아비의 성품을 유지할 수 있다는 것이다.

마리아와 마르다의 관계에서 주님은 마리아 편에 손을 들어 주셨다. 그녀는 가장 귀중한 선택을 할 줄 알았다. 바울은 아비의 심정으로 교회를 돌보았다. 그는 예수 그리스도의 심장을 가진 사역자였다.

하나님의 마음을 가질 때 하나님의 동역자가 된다. 십자가를 통해서 아버지의 마음이 드러났다. 십자가 안으로 들어갈수록 아버지의 심장에서 새어 나오는 온 인류를 향한 사랑의 음성을 듣는다.

아비의 마음을 가지고 나아갈 때 비로소 섬김의 영역이 눈에 보인다. 하나님이 아파하시는 것에 대해 동일하게 아파할 때 새로운 부르심이 있다. 하나님의 마음을 따라가면 길이 나타난다. 하나님은 당신의 심장을 이식받은 종들을 지금도 찾고 계신다. 하나님과 결을 맞춘 사람들이 영적 아비들이다.

Q. 당신은 주변 사람이 잘되는 것을 보고 속상해한 경험이 있습니까? 진정으로 축하해 주지 못한 이유는 무엇입니까?

_____

_____

_____

_____

Q. 예수님은 왜 마리아를 품어 주셨습니까? 그 속에 드러나는 아비의 마음은 무엇일까요? 예수님은 어떠한 마음으로 당신을 바라보고 계십니까?

_____

_____

_____

_____

말씀이

내 안에

4장

–

묵상

깊이 녹아들다

소란스러움과 조급함을 버리고

소음이 사라지고 침묵의 끝에서 들려오는 하나님의 음성은
명료하고 청아하다.

지성의 시대다. 지식의 보편화가 이루어졌다. 사람들이
똑똑해졌다. 누구나 자신의 의견을 피력하는 것을 좋아한
다. 요즘 사람들이 가장 못하는 것이 있다면 경청이다. 다
른 사람의 이야기를 오랫동안, 잠잠히 들어 주는 사람을 만
나기 어렵다. 말을 많이 할수록 영성에는 해가 된다. 불필
요한 말을 줄이는 것이 영성이다. 침묵할 때만 들리는 소리
가 있다.

처음에는 누구나 소음에 시달린다. 시간이 흐르면서 소

음은 사라지고 하늘의 소리가 들려야 한다.

> 너희는 가만히 있어 내가 하나님 됨을 알지어다 내가 뭇 나라
> 중에서 높임을 받으리라 내가 세계 중에서 높임을 받으리라
>
> 시 46:10

'가만히 있다'란 '잠잠히 있다'라는 뜻이다. 자아에서 들려오는 소리를 죽여야 한다. 욕망이 다그치는 아우성을 잠재워야 한다. 욕망이 들끓는 소리는 쉽게 사라지지 않는다. 잠잠히 있는 일은 하나님을 아는 것과 분리되어 있지 않다. 잠잠히 있어야 하나님께로 나아갈 수 있다. A. W. 토저(A. W. Tozer)는 "우리들 중에 아주 극소수만이 우리의 영혼을

침묵 속에서 침잠시키는 비밀을 알고 있다"라고 말한다.

영성을 추구하는 삶은 녹록하지 않다. 생산성을 강조하는 세상이다. 활동주의가 대세다. 분주함을 능력으로 착각한다. 이 시대의 문화에 동화될수록 생각은 적어지고 과도한 행동주의만 찬사를 받는다. 입력은 없고 출력만 늘어난다. 수동태를 익히기 전에 능동태로 일관하면 실패는 불 보듯 뻔하다.

사람들은 하나님의 음성을 기다리고 있지만 마음이 조급하다. 눈에 보이는 도표를 중시한다. 침묵은 기대한 결과를 가져다주지 못하는 비생산적인 일로 치부한다. 잠잠히 있는 것을 무능으로 여긴다. 사람들은 무시당한다는 느낌 때문에 가만히 있지 못한다.

침묵을 두려워하는 이유는 숨겨진 자아가 표면 위로 드러나기 때문이다. 죄성이 가득한 자아가 여과 없이 노출되는 것을 받아들이는 일은 어렵다. 이기심, 교만, 분노, 시기심, 악한 생각 등 마음속에 은밀한 동기가 평소에는 숨겨져 있다. 얼마나 자신이 교만으로 가득 차 있으며 이기적인 존재인지, 민낯이 드러나면 감당하기 쉽지 않다.

하나님과 가까워지려면 위험한 과정을 통과해야 한다.

추악한 인간성은 생각보다 훨씬 심각하다. 자기 절망을 거쳐 자기 자신을 정직하게 만나는 과정을 거쳐야 한다. 포장된 자기 가면을 벗지 않고는 하나님과의 대면이 불가능하다. 일평생 가면을 벗지 않고 살 수도 있다.

딱딱한 껍질을 깨고 영혼의 민낯을 서서히 드러내는 과정을 통과하고 어둠에서 빠져나와야 한다. 영혼의 무질서가 조금씩 정리되고 깊고 무거운 침묵의 방을 통과하고 난 다음에 하나님과 경이로운 접촉이 이루어진다. 진리를 듣는다는 것은 부산한 인간의 노력을 멈춘다는 뜻이다. 나의 어떤 계획과 방어책들을 내려놓아야 한다.

내가 나를 통제하려는 것을 포기해야 한다. 거짓된 자신의 삶이 깨어지는 아픔을 감수해야 한다. 소음이 사라지고 침묵의 끝에서 들려오는 하나님의 음성은 명료하고 청아하다. 단 한 구절이라도 좋다. 위로부터 들려오는 음성이면 충분하다.

하나님과 독대를 하는 순간 말씀이 내 안에 깊이 녹아들어오는 경험을 해야 한다. 충분히 머물러 있어야 한다. 하나님께 시간을 내어 드릴 때 아낌이 없어야 한다. 시간을 잊을 정도의 몰입이 필요하다. 소란스러움과 조급함을 버리고 잠잠히 하나님의 임재 안에 머물러 있을 때 기쁨은 크다. 하나님에 대한 고정관념을 버려야 한다. 하나님이 어떤 방식으로 우리를 만나 주실지 알 수 없다.

중요한 것은 갈망을 유지하는 일이다. 하나님은 나의 생각과 개념에 딱 들어맞는 분이 아니시다. 때로는 하나님의 음성을 듣는 일이 어렵다고 여겨져도 포기하지 않아야 한다. 고갈과 탈진이 유행병처럼 번지는 이유는 영적 중심성에서 멀리 벗어나 있기 때문이다. 하나님과의 관계 안으로 깊이 들어가는 길 외에는 답이 없다. 하나님께 충분히 사랑받는 자로, 존재의 부요함을 누릴 수 있어야 한다.

하나님은 나를 버리지 않으셨다. 하나님은 멀리 계시지 않다. 지금 이곳에 나와 함께하고 계신다. 우리는 너무 바쁘다. 무엇인가에 홀린 듯 하나님으로부터 너무 멀리 벗어나 있는 나를 발견해야 한다.

Q. 당신은 침묵하는 사람입니까? 혹시 침묵하는 것이 어렵다
면 침묵을 방해하는 내 안의 욕망은 무엇입니까?

_____

_____

_____

_____

Q. 무엇보다 일상에서 하나님과 깊은 교제의 시간을 가지는 것
이 중요합니다. 당신은 얼마만큼 하나님과 깊은 대화의 시
간을 가지고 있습니까?

_____

_____

_____

_____

침묵에서 나오는 언어

침묵을 습관화하다 보면 어느 순간 비로소 언어의 향연이 시작된다.
살리는 언어가 터져 나온다.

소음의 시대다. 대화는 없고 외침만 있다. 강요는 있는
데 경청은 없다. 소통이 사라진 시대에는 잔인한 주장만 남
는다. 자기 말만 하는 사람은 자기가 무슨 말을 하는지 알
지 못한다. 허언증에 걸린 사람들이 늘어난다.

소리는 있는데 의미를 상실한 세상은 소란스럽다. 언
어를 놓치면 몸짓은 허공을 가른다. 소음이 가득한 곳에
는 진리가 묻힌다. 불필요한 언어의 소모가 삶을 파괴한다.
언어의 결함이 삶을 부실하게 한다. 어니 젤린스키(Ernie J.

Zelinski)는《느리게 사는 즐거움》(물푸레, 2000)에서 "말을 하고 있을 때는 아무것도 배우지 못한다"라고 말한다. 내가 하고 싶은 말만 하면 공해다. 내 말을 상대에게 강요하면 격투장이 된다. 자기 지식을 늘어놓는 경연장에 끼어들고 싶은 사람은 없다. 언어가 있기 전 침묵이 먼저 있었다.

침묵은 내면 세계를 질서 정연하게 하는 힘이 있다. 말의 힘보다 침묵의 힘이 더 강력하다. 침묵을 거치지 않은 말은 공허하다. 침묵은 언어를 정화하는 과정이다. 숙성된 언어는 깊은 우물에서 길어 올린 물과 같다. 영혼 깊숙한 곳에 침잠되어 있던 생각이 언어로 드러날 때 따뜻하고 진실함이 느껴진다. 생각나는 대로 내뱉는 말은 다른 사람의 영혼에 손상을 끼치지만 침묵은 치유를 일으킨다. 침묵은 그 자체가 보약이다.

침묵 자체가 목적은 아니다. 침묵의 순간에 하나님과의 독대가 이루어진다. 고독이 깊어진 곳에 침묵은 영글어 가고 침묵의 끝자락에서 하늘이 열린다. 침묵 속에서 비로소 나를 발견하고 침묵이 길어질수록 존재의 부요함을 경험한다. 존재의 풍성함은 자연스럽게 관계로 이어진다. 충분히 통과할 때 타인과 대화할 준비가 된다.

침묵은 말 없는 상태가 아니라 말의 승화다. 침묵은 말의 배타가 아닌 수용이다. 침묵은 언어의 상실이 아니라 회복이다. 침묵은 대화의 단절이 아니라 대화를 여는 기술이다. 침묵은 무언이 아니다. 수동적 침묵이 아니라 적극적 침묵이 창조적 언어를 생산한다. 침묵으로 여과된 언어는 정적을 깨고 피어오르는 꽃과 같다.

무엇을 말하려고 하는지 알 수 없는 중얼거림은 언어라고 할 수 없다. 잡음에 시달리면 난청이 된다. 낙서로 가득한 종이는 소각장으로 가야 하듯이 욕망에 그을린 언어들은 비워 내야 한다. 침묵은 자기 비움에서 시작된다. 한순간으로 안 된다. 참된 기도는 외침보다 침묵 속에서 깊어진다.

중언부언의 넋두리들이 간결한 문장으로 정리되려면 시간의 강이 지루하게 흘러야 한다. 침묵의 힘을 익힌 사람은 시간이 나면 고독의 강가로 간다. 침묵이 길어질수록 화력은 더해진다. 가을날 열매가 농익듯 언어가 아름다운 색깔로 채색될 때 모두에게 환희를 안긴다. 가뭄에 단비와 같다. 고독의 세계에서 빚어진 침묵의 심연은 모두를 품는 더 넓은 세계로 초대한다. 침묵에서 흘러나온 말은 굳게 닫힌 마음의 벽을 뚫는다. 침묵 속에서 재생된 언어는 빛이 되어 어두운 세상에 침투한다.

침묵은 시간이 필요하다. 하루의 침묵과 일주일의 침묵은 다르다. 긴 시간 속에서 들려오는 하나님의 음성은 내면을 충만하게 한다. 사람들이 병이 드는 이유는 유해한 언어의 반란 때문이다. 침묵의 언어를 익히면 타인의 말이 귀에 들어온다. 언어 너머를 이해하는 능력이 생긴다. 진정한 소통은 치유를 일으킨다.

침묵은 사랑과 가깝다. 사랑하는 사람끼리는 언어보다 비언어가 훨씬 더 많다. 침묵이 더 깊은 교감으로 이끈다. 침묵은 내면의 질서를 잡고, 시선을 단순하게 만들어 성찰의 시계로 이끈다.

하루 한 번이라도 10분간 침묵하기를 훈련해 보라. 먼저, 편안한 자세를 취한 다음 온몸의 긴장을 풀어 보라. 근육을 움츠렸다가 다시 펴는 동작을 반복해 보라. 목, 어깨, 등, 팔, 손, 다리, 발과 같은 신체의 각 부분도 똑같이 해 보라. 일순간 다른 생각에 빠지거나 외부적 요인으로 마음이 분산되기 쉽다. 그때 깊은 심호흡을 하고 침묵을 시도해 보라.

침묵을 습관화하다 보면 어느 순간 비로소 언어의 향연이 시작된다. 말씀이 육신이 되는 신비로운 일이 일어난다. 죽이는 소리가 아니라 살리는 언어가 터져 나온다. 침묵의 은총은 평온함으로 이끌어 들인다. 서로를 내치지 않고 환대하는 세상에는 거대한 침묵이 자리 잡고 있다.

Q. 침묵은 어떠한 힘이 있습니까? 당신은 침묵을 통해 유익을
   얻은 경험이 있습니까?

_____

_____

_____

_____

Q. '침묵은 사랑과 가깝다'는 말이 함유하는 내용은 무엇입
   니까?

_____

_____

_____

_____

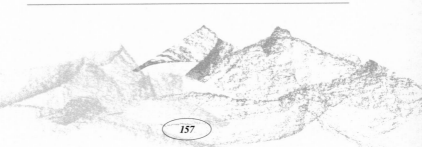

친밀함의 단계로 나아가다

묵상은 모든 것을 잊게 만드는 즐거움이고 몰입이다.
말씀이 가슴으로 충만히 흘러내릴 때 영혼은 춤추게 된다.

묵상은 영성에 있어 아무리 강조해도 부족하다. 영적
변화를 위해 묵상은 빼놓을 수 없다. 묵상은 우리 마음에
말씀하시려는 하나님을 향하여 마음을 여는 것이다. 시험
을 칠 때 책을 정복하듯이 접근하는 것이 아니라 하나님의
말씀이 우리 안에 스며들도록 기다려야 한다. 읽고 이해하
는 것보다 하나님의 말씀이 음침한 영혼에 진리의 빛을 비
추도록 내어 맡겨야 한다.

모든 것은 성령의 도우심 안에서 일어난다. 내면에서

들려오는 하나님의 음성은 자아의 소리와 뚜렷이 구분된
다. 묵상의 삶은 표피적 신앙에서 벗어나 심장 안으로 말씀
이 녹아들어가는 일이다. 오랫동안 교회를 다녔지만 겉도
는 신앙생활을 하는 이유는 하나님과 독대가 없는 건조한
종교적 관습에만 익숙해 있기 때문이다. 하나님과 내밀한
상호 소통을 통해 친밀함의 단계로 나아가야 한다.

묵상은 기계적이거나 공식적인 순서가 아니라 하나님
과 꾸밈없는 사귐이다. 내가 무엇인가를 찾아내려고 하는
태도보다 성령이 내 안에 말씀하실 때까지 수동태로 있어
야 한다. 성급한 마음으로 어떤 결과를 얻어 내기 위해 자
신을 다그치기보다 서서히 충만히 임하는 것을 기대하며
기다려야 한다. 조급증은 다가오시는 은혜의 숨결과 영적

리듬을 거스르게 한다.

묵상은 지적인 작업이기도 하지만 전적으로 하나님의 은혜에 의존해야 한다. 찾아오시는 은혜에 민감하게 받아들일 준비를 해야 한다.

말씀하옵소서 주의 종이 듣겠나이다 삼상 3:10

묵상은 이성적 이해와 함께 체험적 경험이 있어야 한다. 묵상은 초월적이신 하나님을 인격적으로 만나는 시간이다. 머리로만이 아니라 온몸으로 경험해야 한다. 온몸으로 체험하기 전까지는 모든 것이 알 듯 모를 듯 모호하다.

너희는 여호와의 선하심을 맛보아 알지어다 시 34:8

하나님을 경험하는 것은 지식적인 이해를 훨씬 넘어선다. 말씀을 통해 하나님과 인격적 접촉이 일어나야 한다. 하나님의 말씀은 하나님의 인격이다. 예수 그리스도는 성육신하신 말씀이다. 말씀 경험은 곧 그리스도의 인격과 마주침이다. 묵상의 대상은 하나님이다. 하나님의 말씀이 내 안에 온전히 체득될 때 하나님의 임재를 경험한다.

말씀의 내면화 작업이 일어날 때 순종으로 이어진다. 순종이 반복될 때 말씀과 나는 분리될 수 없는 하나가 된다. 예수님은 마귀로부터 시험을 받으셨을 때 말씀으로 마귀를 물리치셨다. 말씀이 주님의 인격 속에 내재화되어 있었다. 예수님은 마귀가 시험을 하자마자 즉각적으로 말씀을 사용해 마귀를 몰아내셨다. 예수님 자신의 삶 가운데 이미 경험하고 있었던 말씀이었다.

"하나님은 사랑이심이라"(요일 4:8)라는 말씀을 단순히 암송하고 있는 것만으로는 부족하다. 묵상을 통해 말씀의 내재화 과정이 있어야 한다. "여호와는 나의 목자시니 내게 부족함이 없으리로다"(시 23:1)라는 구절을 익숙하게 알고 있지만 나와는 상관이 없을 수 있다. 목자가 어떤 분이신지를 머리로만 이해하는 것으로는 부족하다. 깊어진 묵상을 통해 목자이신 하나님과 친밀해지는 경험을 하는 시간을 가질 때 모든 것은 달라진다.

묵상은 말씀으로 영혼의 풍성함을 맛보는 일이다. 똑같은 말씀이지만 어떤 사람에게는 능력의 말씀으로 영혼을 사로잡는다. 머릿속에만 맴도는 말씀이 아니다. 심장을 달

구는 말씀이다. 말씀이 가슴으로 충만히 흘러내릴 때 영혼
은 춤추게 된다. 성 어거스틴은 묵상 행위를 "불변의 하나
님을 지각하는 것"으로 보고 거기에서 내면의 놀라운 기쁨
이 수반된다고 말한다. 모든 것을 잊게 만드는 즐거움이고
몰입이다.

그리스도의 말씀이 너희 속에 풍성히 거하여 골 3:16

새로운 말씀이 아니라 이미 주어진 말씀 앞에서 마음을
활짝 열고 시간을 보내야 한다. 단어 하나하나를 새기며 맛
을 보고 즐기는 경험이 쌓여야 한다. 말씀과 함께한 시간의
축적은 세월이 흐르면 저항할 수 없는 은혜의 파도로 밀려
온다. 기독교의 묵상은 비움이 아니라 채움이다. 채움이 끝
이 아니다. 채워짐에서 넘쳐 남으로 흘러가게 하는 역사가
일어날 때 자유를 누리게 된다.

Q. 묵상에는 어떠한 힘이 있습니까?

_____

_____

_____

_____

Q. 묵상의 삶에서 하나님과의 인격적이고 체험적인 경험이 지
  속되고 있습니까?

_____

_____

_____

_____

영혼을 경작하는 일

영혼을 경작하는 일은 일상이어야 하고 일평생의 작업이어야 한다.
중요한 것은 내면을 충실히 가꾸는 일이다.

영성은 외형보다 내면을 가꾸는 것에 초점을 맞춘다.
영혼의 꽃을 피우는 일이다. 내적인 충만함이 중요하다. 영
혼의 성장에 집중하지 않으면 겉모양은 시들게 되어 있다.
내면이 외적인 것을 결정한다. 상황의 혼란보다 내면이 흔
들리는 것이 항상 문제다.

내면을 방치하지 않고 지속해서 가꾸어야 한다. 가꾸지
않은 밭은 잡초로 무성해진다. 심지 않은 데 나는 것은 잡
초뿐이다. 경작은 땀을 흘려야 한다. 풍성한 결실을 위해

부지런히 경작하고 가꾸어야 한다.

눈물을 흘리며 씨를 뿌리는 자는 기쁨으로 거두리로다 울며
씨를 뿌리러 나가는 자는 반드시 기쁨으로 그 곡식 단을 가지
고 돌아오리로다 시 126:5-6

**씨가 중요하다. 말씀의 씨가 내면에 뿌려질 때 생명의
역사가 나타난다.**

그리스도의 말씀이 너희 속에 풍성히 거하여 모든 지혜로 피
차 가르치며 권면하고 시와 찬송과 신령한 노래를 부르며 감
사하는 마음으로 하나님을 찬양하고 골 3:16

받아들이는 토양 역시 중요하다. 연토가 되어야 한다. 딱딱한 토양은 씨를 받아들일 수 없다.

그러므로 모든 더러운 것과 넘치는 악을 내버리고 너희 영혼을 능히 구원할 바 마음에 심어진 말씀을 온유함으로 받으라 _약 1:21_

좋은 밭이란 겸손하고 유순한 마음이다. 가르침을 잘 받아들이면 성장은 자연스럽다.

영혼을 경작하는 일은 일상이어야 하고 일평생의 작업이어야 한다. 경작하다가 중단하면 땅은 곧바로 황폐해진다. 영혼을 세워 가는 일은 힘든 작업이지만 무너지는 것은 한순간이다. 영혼을 세워 가려면 외적 활동 중심보다 내면에 집중해야 한다. 활동, 사역, 일보다 더 중요한 것은 내면을 충실히 가꾸는 일이다.

신앙이 외적으로 기울 때가 많다. 교회 출석, 기도회 참석, 소그룹 참석, 구제 활동에 참여하는 것 등 모두 귀중한 일이다. 그럼에도 개인적 영성이 결여된 외적 활동은 한계에 부딪히게 된다. 배가 파도를 견뎌 내고 항해를 하려면 드러난 부분보다 보이지 않는 부분이 더 중요하다. 겉은 화려한데 속이 부실하면 위험하다. 먼 항해를 위해서는 내부 구조가 충실해야 한다. 겉은 좀 투박해 보여도 내구성이 강하면 된다.

예수님 시대 바리새인들은 외양은 훌륭했지만 실제로는 부실했다. 영혼을 건강하게 세우는 일보다 우선되는 것은 없다. 돌보지 않으면 언제라도 영적 위기를 맞을 수 있다.

외적 환경이 너무 좋아졌다. 풍요가 주는 향응에 취하다 보면 영혼을 돌보는 일을 소홀히 할 가능성이 높다. 사람들은 이전보다 훨씬 더 깊은 공허에 시달리고 있다. 영적으로도 풍요로워 보이는 세상이다. 세미나와 집회가 많이 열리고, 좋은 책들도 쏟아져 나온다. 명설교들도 언제든지 접할 수 있다. 그럼에도 영적 공허함에 시달리는 사람들이 많아졌다. 외적인 것에만 매달린 결과다. 영의 만족을 위해 쉼 없이 영적 우물을 길어 올려야 한다.

창세기 26장에서 이삭이 했던 일을 주목할 필요가 있다. 아버지 아브라함이 죽은 후에 블레셋 사람들이 우물을 메워 버렸다. 우물은 생명과 직결된다. 이삭은 그 우물을 다시 찾아 복원하는 일을 했다. 전혀 새로운 우물을 파기보다 이전에 우물이 있던 곳을 찾아 돌멩이를 걷어 내고 물을 길어 올렸다.

영적 세계도 마찬가지다. 새로운 무엇을 찾으려고 하기보다 기독교의 전통 속에서 믿음의 선진들이 누렸던 것들을 찾아보면 답을 얻는다. 깊은 우물에서 길어 올린 물과 카페인으로 가득한 음료는 전혀 다르다. 순간적 갈증 해소보다 깊은 만족을 얻어야 한다.

기독교 영성의 우물을 파면 풍성한 것들이 많다. 믿음의 순례길은 나만 홀로 가는 외로운 길이 아니다. 영적 세계는 깊고도 깊다. 얕은 곳에서 안주하려고 해선 안 된다. 피상성을 경계해야 한다. 영적 건조함이나 고갈이 느껴진다면 깊은 것보다 탁한 물들만 들이켜 온 결과다. 깊어지지 않으면 식상해진다.

영성은 '하나님과의 관계에 깊은 관심을 갖는 것'이다. 하나님과의 관계를 깊이 성숙시켜 나가는 것이 신앙의 축이 되어야 한다. 성령은 깊은 곳으로 이끌어 주시는 영이다. 깊어지지 않으면 신앙은 곧 굳어진다. 신앙의 심화 작업은 매 순간 꾸준히 일어나야 한다. 모래 위가 아닌 반석 위의 집을 짓기 위해….

Q. 신약 시대 바리새인들이 내적으로 부실했던 이유가 무엇입니까? 당신에게도 그런 모습이 나타날 때가 있는지 생각해 봅시다.

_____

_____

_____

_____

Q. 내면을 가꾸기 위해 당신이 노력해야 할 부분은 무엇이라고 생각합니까?

_____

_____

_____

_____

영성에 상상의 날개를 달다

호기심 가득한 눈길로 말씀 앞에 머물러 있으면
어느 순간 말씀의 흡입력에 빨려들고 만다.

　아이들은 호기심으로 가득 차 있다. 눈에 보이는 것들
에 대해 끊임없이 질문하고 느낀 것에 대한 감탄을 쏟아낸
다. 새로운 세계에 대한 궁금증과 함께 상상력이 늘 꿈틀거
리고 있는 동안 성장은 계속된다. 나이가 들어 가면 상상력
이 서서히 죽어 간다. 눈앞의 현실에 쫓겨 살다 보면 냉혹
한 현실주의자가 된다. 눈앞의 이익과 당장의 결과에 민감
하게 반응하고 행동하다 보면 삶은 곧 지루해진다.
　나이가 들면 온몸이 굳어진다. 노화의 뚜렷한 현상이

다. 몸만 굳어지는 것이 아니라 사고도 경직되어 간다. 자신의 경험을 절대화하고 객관적 평가 능력이 떨어진다. 갈수록 뇌의 사용 면적이 좁아지고, 마침내 폐쇄된 자아에 갇혀 주변 환경으로부터 고립되어 간다.

호기심이 줄어들면 학습의 열기가 현저히 떨어진다. 세상에 낯선 것들이 없어지고 진부해진 환경에 둘러싸이게 된다. 가슴 떨리는 현상이 없어지고 삶의 흥겨움이 현저히 퇴보하고 만다. 신앙생활이 메말라진다. 기도 생활이 공회전을 하고 기도를 주문처럼 외우다 끝내고 있다면 메말라 가는 것이다.

사용하던 언어를 하나둘 잊어 가고 새로운 언어가 더 이상 생성되지 않는 순간부터 영적 세계는 무덤덤해지고 영적 피곤함이 쌓인다. 익숙해진 종교 생활에는 경이로움이 없다. 영적 호기심이 없는 식상한 일상을 반복하다 보면 냉기가 흐른다.

신앙의 세계는 상상력이 필요하다. 영적 신비로움에 다가가는 구도자의 태도를 놓치지 않아야 한다. 피조 세계는 최고의 장인이신 하나님의 작품 전시다. 상상력을 동원해 유심히 들여다보면 경이롭다.

> 하늘이 하나님의 영광을 선포하고 궁창이 그의 손으로 하신
> 일을 나타내는도다 시 19:1

온 세상에는 생명력이 발산되고 있다. 길가의 작은 꽃 하나에도 우주의 신비가 숨어 있다. 땅을 뚫고 나오는 약초들과 야생화를 보는 것만으로도 숨이 멎는다. 생명은 정지되어 있지 않고 매 순간 변한다. 잠시만 눈을 돌렸다가 다시 바라보아도 낯선 얼굴을 하고 있다.

주님은 사물의 하나하나에서도 경이로움을 찾아내신다. 주님은 평범한 것 안에서 특별한 것을 찾아내는 눈을 가지고 계신다. 생명의 경이를 대하는 일은 언제나 새롭다.

고개를 돌리거나 지루할 겨를이 없다.

땅을 콘크리트로 덮어 버린 도시는 잔인하고 폭력적이다. 그곳에서는 영혼의 메마름, 삶의 경박성을 피할 수 없다. 미세먼지로 가득한 도시의 하늘에서는 별들을 볼 수 없다. 공장들이 만들어 낸 신상품을 매만지고 있는 아이들은 상상력이 이미 죽어 있다. 전자 게임에 길들여진 아이들은 시를 쓸 줄 모른다. 만물 안에 숨겨진 비밀 코드는 세밀하고 광대하다.

성경 역시 상상력을 이끌어 주는 데 최고의 책이다. 낯선 대목을 마주치면 지루해지기도 하지만 조금만 더 눈을 크게 뜨고 바라보면 무궁한 세계로 이끌릴 수 있다. 성경을 문자로만 읽으면 놓치는 것이 많다. 상상력을 동원해야 한다. 행간을 읽어야 한다. 오감을 활짝 열어야 한다. 비에 옷이 젖듯이 말씀에 흠뻑 젖는 경험을 해야 한다. 삶이 무미건조한 것은 상상력의 부재 때문이다.

인간이 만들어 내는 역사는 주로 잔혹사다. 생명과 거리가 먼 을씨년스러운 세상이다. 하나님은 어두운 곳에 생명을 채워 넣으시는 분이다. 하나님과 연결된 곳은 생명의 냄새가 약동한다. 죽은 자도 살아난다. 하나님은 구원을 이루는 열정으로 가득하신 분이다. 부활이 그분의 주된 능력이다. 생명의 경이를 드러내는 기적은 하나님께 일상적이다.

하나님을 과학으로 증명하기란 불가하지만 상상의 날개를 펴면 신비와 경이로움의 극치로 나아갈 수 있다. 성경을 묵상하며 기도하다 보면 하나님이 어떤 분이신가에 대한 궁금증이 폭발한다. 피조물이나 성경을 대할 때마다 하나님에 대한 궁금증은 늘어난다. 호기심 가득한 눈길로 말씀 앞에 머물러 있으면 어느 순간 말씀의 흡입력에 빨려들고 만다.

생산성을 높이는 결과에 너무 집중하면 신앙은 얼마 못 가서 위기를 맞게 된다. 조금만 더 천천히 눈을 열어 주목하면 새로운 세계가 다가온다. 목적지보다 길 위에서, 미래가 아니라 지금, 순간을 놓치지 않으려는 영적 민감성과 그 너머를 보려는 상상력이 신앙의 꽃을 피운다. 신앙이 바닥나 있다면 상상력의 부재일지 모른다.

Q. 당신의 묵상생활은 생동감이 있습니까? 아니면 무미건조합
니까? 그렇게 생각한 이유는 무엇입니까?

_____

_____

_____

_____

Q. 어떻게 영적 상상력을 가지고 묵상을 할 수 있습니까? 주의
해야 할 점은 무엇일까요?

_____

_____

_____

_____

일상의 신비에 눈뜨다

모든 감각을 열면 세상은 하나님의 거대한 전시관이고
일상의 어디에서나 경이로움으로 전율할 수 있다.

맛있는 음식을 먹을 때 즐거움이 있다. 감각의 민감성
에 따라 맛의 강도가 다르다. 공생애 행적을 보면 예수님
은 음식을 즐기셨다. 비판자들에 의해 먹기를 탐하는 자로
오해를 받기도 하셨다. 예수님의 삶에는 해학이 있다. 어떤
이들은 예수님을 재미가 없으시고, 항상 근엄하시고, 얼굴
에는 웃음기 하나 없는 분으로 오해한다. 주님은 유머 감각
을 가지고 계셨다.

미국의 아미쉬(Amish) 공동체 사람들은 현대 문명의 이

기들을 거부한다. 그들은 짙은 단일색의 옷을 입고 옛 삶의
방식을 고수하며 살아간다. 문화 속에 만연한 악한 것들로
부터 자신들을 보호하려고 애를 쓴다. 문제는 세상 속에서
그리스도인의 역할은 보이지 않는다는 것이다.

예수님은 육체를 입고 세상 한가운데로 오셨다. '지금
이곳'을 부정하지 않으셨다. 일상에서 하나님을 경험하는
일이 중요하다. 주님은 "공중의 새를 보라", "들에 백합화를
보라"고 하셨다. 보고 느끼는 것은 중요하다. 주의력에 따
라 보이는 것, 들리는 것, 느껴지는 것이 달라진다.

관찰력을 기르면 시야에 들어오는 모든 것 속에서 하나
님의 음성을 들을 수 있다. 민감성이 깨어나면 일상이 경이
로움의 자리로 바뀔 수 있다. G. K. 체스터턴(G. K. Chesterton)

은 "익숙한 것들이 낯설어질 때까지 응시하는 법을 배우는 것"을 강조했다. 너무 익숙해지면 무심해진다. 예상 가능한 것에 만족하고 살아간다. 모든 감각을 열면 세상은 하나님의 거대한 전시관이고 일상의 어디에서나 경이로움으로 전율할 수 있다.

신앙과 일상은 분리될 수 없다. 기도가 일상이고 일상이 기도가 될 수 있다. 기도라는 행위가 특정한 시간과 장소에만 매이면 안 된다. 상상력의 복원이 중요하다. 예수님이 일상의 것들로 드신 비유는 상상력을 자극한다. 아주 작은 것 안에서 위대한 진리로 이끌림을 받을 수 있다.

보지 않아도 볼 수 있는 힘이 상상력에서 나온다. 상상력을 일으키는 데 우리의 감각이 사용된다. 죄는 인간의 감각을 무디게 하고 상상력을 소멸시켰다. 상상력이 죽으면 영적 흥미는 사라진다. 영적 회복은 거룩한 상상력을 복원한다. 육안으로 보이는 것만 전부가 아니다. 신앙의 세계는 경이로운 것이다.

주변을 돌아보면 결코 뻔하지 않다. 영혼이 떨리는 신비로 온 땅이 가득하다. 영적으로 감각이 살면 어디에서나 찬양이 용암처럼 분출되어 나오고 내가 있는 곳은 순간 하늘과 닿는 성소가 된다. 감각이 깨어나면 화석화된 신앙에 생명력이 넘친다. 영적 회복은 미각에서도 변화가 일어난다. 혀끝에 감도는 밥알 하나에도 눈물이 울컥하는 감사로 식탁은 성찬으로 변한다.

탐욕이 문제다. 탐욕은 인간의 감각을 마비시킨다. 그 길로 가면 죽는다. 현대인들은 속도 제한 없는 욕망의 열차를 타고 바쁘게 살아간다. 다그치는 욕망의 부르짖음에 쫓기면 마음은 다급해진다. 밥도 천천히 먹어야 맛을 제대로 음미하고 기쁨을 누릴 수 있다. 먹는 행위가 곧 영성이다. 사람들은 쉼 없이 일을 하고 먹는 것으로 스트레스를 푼다. 탐식과 폭식은 영성의 세계에 파탄을 일으킨다.

신비로운 광경을 목격하려면 멈추어야 한다. 들꽃들이 짓는 해맑은 미소, 새들의 날갯짓과 별들이 걸어오는 말에 가슴이 떨리면 영성의 길을 걸을 준비가 된 셈이다. 작고 사소한 사물에 주의를 기울이는 민감성이 있어야 한다. 《탈무드》에서는 "다가올 세상에서 우리는 하나님이 이 땅에 두셨으나 미처 즐기지 못한 모든 것에 대해서 해명해야 할 것이다"라고 말한다.

감각의 회복은 예배의 회복으로 이어진다. 볼 것을 보

고, 들을 것을 듣고, 느낄 것을 느끼면 감탄의 방아쇠는 이미 당겨졌다. 체스터턴은 "현대인들이 잃어버린 것은 감탄이다"라고 말한다.

우리 시대는 너무 육감적이다. 지쳐 살아가는 이유다. 사랑하시는 하나님에 대한 마땅한 반응은 무덤덤할 수 없다. 메마른 교리와 획일화된 신앙에 지쳐 있다면 일상의 신비에 눈을 떠야 한다.

Q. 일상을 천천히 돌아봅시다. 새롭게 느껴지는 것이 있습니까? 그 속에 숨어 있는 하나님의 메시지는 무엇입니까?

_____

_____

_____

_____

Q. 신비로 가득 찬 영적 관찰을 위해 당신이 잠시 멈추어야 할 것은 무엇인가요? 그것이 당신의 영혼을 힘들게 하고 있지는 않습니까?

_____

_____

_____

_____

일보다

먼지

5장

–

안식

안식이 있었다

순례자 영성

순례는 그릇된 욕망과 집착을 내려놓는 과정이다.
좋은 것을 버리면 더 좋은 것이 찾아온다.

인생은 순례와 같다. 떠남으로 순례는 시작된다. 익숙
함으로부터의 결별이다. 순례를 위한 떠남은 도피가 아니
다. 새로운 세계에 대한 동경이다. 추방당한 인간에게는 에
덴에 대한 그리움이 남아 있다. 일종의 향수병이다.

목적 없이 떠나면 방황이 된다. 방랑자인가, 순례자인
가? 둘 다 어디론가 가고 있지만, 결코 같지 않다. 순례자는
구도자(求道者)다. 현재보다 미래를 향해 있다.

떠남은 현실의 불만에서 시작된다. 떠남은 초행이고 언

제나 모험이다. 낯선 것과의 마주침을 받아들여야 한다. 떠나는 순간, 삶은 불편해진다. 무슨 일이 벌어질지 알 수 없다. 위험할 수도 있고 경이로운 순간을 맞을 수도 있다. 떠남은 포기다. 안정감을 거부해야 한다. 옛 삶의 미련을 포기해야 순례는 시작된다.

　믿음의 사람들은 순례자들이었다. 아브라함은 순례자였다. 고향, 아버지 집을 떠난다는 것, 추억의 짙은 자취를 지운다는 것, 깊이 밴 어머니의 숨결을 뿌리치고 매몰차게 떠난다는 것은 어렵다. 아브라함이 떠날 때 그의 나이 75세였다. 어설픈 모험에 도전하거나 객기를 부릴 나이는 아니다. 온몸을 휘감은 고향 땅의 온기를 걷어차고 미지를 향해 내딛는 아브라함에게서 순례자의 영성을 만난다.

믿음의 역사는 순례의 여정이다. 믿음의 길을 나선 사람은 유목민을 닮았다. 믿음의 사람은 정착민이 아니라 임시 거류자다. 영적 노마드다. 정주(定住)가 아니라 끝없는 이주(移住)다. 제임스 휴스턴(James Houston)은 순례자를 "즐거운 망명자"로 표현한다.

인간의 욕망은 안정에 목을 맨다. 기본적인 욕구다. 안정된 현실은 매력적이다. 모두가 예측 가능한 삶을 원한다. 안정은 축적에 관심이 많다. 붙들고 움켜쥐고 쌓아 올리는 동안 떠남은 불가능해진다. 떠남을 거부하면 안정보다 도리어 위험에 가까워진다. 두려움에 갇힌 삶은 유배와 같다. 안정됨이 무덤이 될 수 있다.

성안에 있는 것을 고집하면 편집증에 걸린다. 성안은 욕망의 각축장이다. 욕망으로 쌓아 올린 퇴적물에 스스로 걸려 넘어진다. 순례자는 지키려고 하는 것보다 버림에 익숙해야 한다. 현실에 안주하고 머물러 있으면 뜨거웠던 피가 서서히 식어 간다.

애굽을 떠난 이스라엘 백성은 순례객들이었다. 광야의 긴 여정에서 소망과 절망이 교차했다. 떠난 길은 직선보다 난해한 곡선이었다. 애굽에 대한 미련이 끌어당겨 가는 길은 흐릿해졌다. 광야의 텐트를 치고 걷는 데 지쳐 쓰러졌다. 순례의 여정은 까다롭다.

순례는 그릇된 욕망과 집착을 내려놓는 과정이다. 짐을 가볍게 하지 않으면 실패한다. 걷다 보면 앞선 순례자들이 버리고 간 쓰레기들과 마주친다. 한때는 포기를 주저하던 애정 어린 필수품들이었다. 좋은 것을 버리면 더 좋은 것이 찾아온다. 길 위에서 지난날의 자랑거리들은 의미가 없다. 화려한 훈장과 계급장들은 거추장스러운 짐이다. 모여만 있는 곳에는 근거 없는 무용담이 넘쳐 난다.

순례의 길을 걷다 보면 허영이 하나둘 떨어져 나간다. 진실해져 간다. 불필요한 경쟁이 그친다. 길에서 만난 사람들은 경쟁자들이 아니라 동무들이다. 만난 사람들을 통해 나를 본다. 뜻하지 않은 곳, 예기치 않은 만남에서 오는 깨달음이 있다.

떠나야 시야가 넓어진다. 떠남으로 사유(思惟)가 깊어진다. 떠나야 새로운 세계가 열린다. 이전의 방식을 거부할 때 색다른 풍경에 눈이 열린다. 내 안에 감추어져 있던 편견과 옹졸함을 벗을 때 경이(驚異)를 목격한다. 떠나야 볼 수 있는 광휘로움이 있다. 매일 새롭게 태어난다. 죽었던 감각이 깨어난다. 걷는 동안 통제되고 억압되었던 사고의 틀이 깨어진다. 닫힌 세계에서 열린 세계로의 여행이다.

떠남으로 인한 불안정은 정상이다. 그 불안은 믿음의 길로 안내한다. 의지할 것 없는 상황은 순례의 묘미다. 붙든 것을 떠나보낼 때 만나는 하나님이 있다.

세상에 오신 예수는 순례자시다. 순례의 길에서 예수를 만난다. 여정은 언젠가 끝이 난다. 그 끝에 안식이 기다리고 있다. 시작이 있고 끝이 있는 여정이다. 순례자는 미래를 보는 눈이 열려 있다. 지금의 시간을 즐길 수 있는 힘, 이 세상 너머를 보는 눈은 상상력으로 가능하다. 그 상상력이 커질 때 길을 나선 이에게 큰 힘이 된다.

묵상

Q. 방랑자와 순례자는 무엇이 다릅니까? 당신은 둘 중 어떤 모습입니까?

_____

_____

_____

_____

Q. 순례의 길을 걸을 때 당신이 놓기를 주저하는 것은 무엇입니까?

_____

_____

_____

_____

DEVOTION

단순한 삶으로의 부르심

세상은 "어떻게 하면 더 많이 얻을 수 있을까?"라고 묻지만,
사막의 교부들은 항상 "더 버려도 될 것이 무엇인가?"를 물었다.

기독교 전통 속에서 믿음의 거장들의 삶을 보면 뚜렷한
특징들이 있다. 그중 하나는 단순성의 원리다. 삶을 단순화
할 때 놀라운 일이 일어난다. 하나님과 동행하는 삶을 살려
면 단순성의 원리를 익혀야 한다. 영성은 단순성에서 나온
다. 단순함은 집중력을 가져오고, 집중력은 삶의 시너지를
가져온다. 단순함이 곧 능력이다. 단순화의 삶은 쉬운 길이
아니다. 단순한 삶을 살려면 외부적 압력에 저항해야 한다.
현대인의 특징은 지나치게 산만하고 복잡하다는 것이

다. 생각이 복잡하고 문화적 상황 역시 복잡해졌다. 복잡하면 모든 것이 뒤죽박죽 엉킨다. 과도한 활동주의는 기대한 결과보다 탈진을 불러온다. 대개는 높은 긴장과 스트레스에 시달리다 허무하게 무너진다. 각종 질병의 원인도 여기에서 비롯된다.

만성적인 스트레스는 현대인들의 단골 신경성 질환이다. 늘 급한 일로 쫓기다 보면 밀리고 밀린다. 피곤하다는 말이 입에 붙어 있지만 무자비하게 몰아붙이는 삶의 폭주에서 벗어나지 못한다. 쫓기며 살아가고 있는 동안에는 안식과 거리가 멀다.

욕망은 사사로운 것에 마음을 빼앗게 해 쉬지 못하게 한다. 쫓기는 삶은 자아 분열적인 증세를 보인다. 중심을 잃은 내면 세계는 무질서하고 혼란하다. 현대인들은 잠시라도 가만히 있는 것을 힘들어한다. 기도와 묵상은 낡고 케케묵은 낯선 이방인의 무의미한 동작으로 취급된다.

묵상, 고독, 침묵, 이런 훈련들은 단순한 삶과 긴밀히 연결되어 있다. 점점 더 복잡해지는 세상에서 영성을 유지하기 위해 치열한 싸움을 해야 한다. 복잡하고 분주한 삶을 살아가는 사람의 내면은 잡다한 죄들이 번식하는 서식지다. 분주한 삶은 단순히 생활의 문제가 아니라 영적인 문제다.

사탄은 속인다. 사소한 것에 집착하게 한다. 그럴듯해 보이는 것들로 마음을 현혹하고 혼돈으로 몰아넣는다. 몰아붙이는 압력에 저항해야 한다. 과다한 스케줄에 수많은 모임은 영웅적 삶이 아니라 벌거벗은 영혼의 초라한 일상이다. 내적인 허기짐을 해결하지 않으면 계속 다람쥐 쳇바퀴 돌듯이 돌아야 한다. 견고한 내적 세계를 구축하지 않으면 결핍에 시달릴 수밖에 없다.

바쁜 삶은 심각한 결함의 상태다. 죄성은 모든 것을 얻고자 하는 내면적 욕구에 시달리도록 이끈다. 바쁘다는 것은 불안하다는 뜻이다. C. S. 루이스의 표현대로라면, 분주한 사람들은 게으른 사람들이다. 할 일을 미루다 보면 게을러진다.

심플, 또 심플해야 한다. 다중 초점 렌즈를 싱글 렌즈로 바꾸어야 한다. 단순한 삶을 방해하는 것들이 무엇인지 잘 분변(分辨)해 내야 한다. 유진 피터슨은 "'분주하다'라는 단어는 헌신이 아닌 배신의 표시다. 그것은 헌신이 아니라 결함이다"라고 말한다.

영적 성장에 치명적인 방해물은 분주함이다. 분주한 삶은 자신의 삶을 망가뜨린다. 무너진 내면 세계를 통해서 이룰 수 있는 것은 없다. 어지럽혀 있는 책상이나 거실의 상태는 자신의 영혼의 상태를 닮아 있을 가능성이 높다. 하나님과 즐거운 교제를 위하여 세상의 복잡함으로부터 빠져 나오는 결단이 필요하다. 가지치기를 잘해야 한다. 모든 것을 다 할 수 없다. 최우선 순위를 붙들어야 한다. 삶의 방향이 명확해야 한다.

단순한 삶은 타의에 의해 침해받지 않는다. 내적인 깊은 만족을 확보하면 거룩한 무관심을 가지게 된다. 중심 잡힌 삶은 아름답고 질서 정연하다.

단순성은 외부와 단절된 외골수적 삶이 아니다. 더 넓

고 깊은 세계를 향한 새로운 선택이다. 단순한 삶을 살면 그 안에서 힘이 생긴다. 세상은 "어떻게 하면 더 많이 얻을 수 있을까?"라고 묻지만, 사막의 교부들은 항상 "더 버려도 될 것이 무엇인가?"를 물었다고 한다. 결국 포기의 삶이다.

단순한 삶으로 가는 길에서 중요한 원리는 포기다. 무엇인가를 과감하게 포기하지 않으면 단순한 삶은 불가능하다. 자아의 소리에 무릎을 꿇지 않고 붙들고 있던 것들을 내려놓을 때 단순한 삶이 온다. 하나님의 부르심은 단순한 삶으로의 부르심이다.

복음을 위해 사는 삶은 붙잡고 있는 것을 내려놓을 때 가능하다. 베드로는 그물을 버려두고 주님을 좇았다. 집착을 내려놓으라. 움켜쥐고 있고 버려야 할 것은 무엇인가?

Q. 사탄은 사소한 것에 집착하게 하고 단순한 삶을 방해합니다. 당신은 이를 이겨 내기 위해 어떻게 하겠습니까? 구체적으로 세 가지를 생각해 봅시다.

_____

_____

_____

_____

Q. 삶의 우선순위는 무엇입니까? 당신의 삶은 올바른 방향으로 가고 있습니까?

_____

_____

_____

_____

일과 안식의 균형

하나님이 일하실 공간을 비워 놓아야 한다.
내 힘으로 되는 것이 아님을 인정하고 내어 맡기는 것이
쉼을 위한 훈련이다.

인간은 평생 일과 연관을 맺고 살아간다. 일을 통해서
하나님의 임재와 성숙을 경험하고 있다면 축복이다. 일과
쉼의 균형이 중요하다. 일과 쉼 모두 선물이다. 일과 쉼은
대립하는 개념이 아니다. 일은 수단이지 목적이 아니다.

현대인들은 만성피로증후군을 앓고 있다. 무엇인가를
하지 않으면 견디지 못하는 강박 증세들이 두드러진다. 인
정을 받아야 하고 성공을 이루고자 하는 집착에 빠진다. 막
연한 불안으로 불면의 밤을 보내는 사람들이 늘어나고 있

다. 치열한 경쟁사회에서 쉼은 퇴보로 여긴다. 쉼을 죄악시
하거나 게으름으로 오해한다.

인간은 안식이 필요한 존재로 만들어졌다. 쉬지 않으면
육체적, 정신적으로 피곤해지고 권태로움이 몰려오거나
기능 저하 현상이 찾아온다. 진정한 쉼은 공간이나 시간의
문제가 아니다. 쉼의 영성은 하나님께 초점을 맞춘다. 하
나님께만 집중할 수 있다면 시공을 초월한 안식을 누릴 수
있다.

이스라엘 백성에게 출애굽이 외적인 자유의 상징이라
면, 내적인 자유의 상징은 안식일이었다. 안식은 죄로 인한
저주로부터 자유함을 얻는 구원의 목표다. 죄로 인해 노예
적 삶을 살아가는 인간이 하나님 안에서 온전한 자유를 누

리도록 안식일이 주어졌다. 만약 안식할 줄 모른다면 눈에 보이는 것을 좇는 노예적 삶을 살아가게 된다. 안식이 없는 삶은 자신이 하나님이 되어 살아간다. 자신이 스스로 인생을 책임지며 살아가는 삶은 소진된다.

그리스도인들에게 안식일은 한 주간의 첫날이다. 아담과 하와가 창조되고 난 다음 맞은 첫날이 안식일이었다. 아담과 하와는 먼저 휴식을 취하고 그다음부터 일을 시작했다. 주일에 휴식을 취하고 난 다음, 월요일에 일을 시작하는 것이 창조의 리듬이다. 일보다 먼저 안식이 있었다.

쉼과 노동은 깊이 연결되어 있다. 진정한 쉼을 경험할 때 노동은 저주가 아니라 창조적 행위가 된다. 안식을 통해 하나님의 임재를 경험할 때 깊은 희열을 경험하게 된다. 예배와 묵상, 그리고 기도를 통해 안식을 경험할 수 있다. 무엇을 얻기 위한 목표가 따로 있는 것이 아니라 하나님 앞에 잠잠히 머물러 시간을 보내는 것이 안식의 기도다. 기도하라는 것은 안식으로 들어오라는 하나님의 초청이다.

평소에는 온갖 것들로부터 짓눌려서 살아간다. 자신도 모르게 노예적 삶을 살아간다. 주일 성수만 아니라 안식일의 영성을 배워야 한다.

아브라함 헤셸은 《안식》(복있는사람, 2007)이라는 책에서 "안식일은 평일을 위해서 있는 것이 아니라 오히려 평일이 안식일을 위해 있는 것이다"라고 말한다. 이어 "안식일은 삶의 막간이 아니라 삶의 절정이다"라고 말한다. 노동이 하나의 기능이라면 쉼은 예술이다. 안식을 통해서 하나님과의 친숙한 시간을 만들고 인생의 절정을 맛보는 시간으로 바꾸라고 강조한다. 주일 예배를 통하여 온전한 회복을 경험하고 축제를 벌여야 한다.

쉼은 자기 포기를 요구한다. 안식의 영성은 비움에서 시작된다. 높아지고자 하는 마음을 내려놓아야 한다. 사람들의 평판과 칭찬에 집착하는 마음을 비워야 한다. 사람들의 시선에 매인 삶에서 빠져나와야 한다.

강한 불만족과 불평하는 마음을 내려놓고 감사해 보라. 불만족은 강한 욕망에서 시작된다. 헛된 꿈을 내려놓으라. 과욕은 생명을 단축한다. 완벽해지려고 하는 것을 포기하라. 최선을 다해야 하지만 하나님이 일하실 공간을 비워 놓아야 한다. 내 힘으로 되는 것이 아님을 인정하고 내어 맡기는 것이 쉼을 위한 훈련이다.

일주간 단위의 쉼의 리듬이 필요하다. 창조의 원리다.

일주일 중 하루는 모든 것을 잊고 충분한 쉼의 시간을 가져야 한다. 산책하고, 석양을 바라보고, 정원의 꽃들을 감상하고, 음악을 듣거나 독서를 해 보라.

쉼은 돈으로 살 수 없다. 진정한 쉼은 하나님 안에 순간순간 머물러 있을 때 주어진다. 삶 가운데 나도 모르게 나를 속박하고 있는 것들로부터 풀려나야 한다. 갈수록 지쳐 가는 세상에서 "쉼"보다 절실한 주제도 없다. 참된 쉼을 통해서 인간은 새롭게 거듭난다. 소진이 아니라 충전의 삶은 창조적 삶으로 이끈다. 쉼의 영성은 망가지는 인생이 아니라 더 아름답게 다듬어지게 한다.

Q. 일은 왜 우리에게 선물이 됩니까?

_____

_____

_____

_____

Q. 하나님은 왜 우리를 안식이 필요한 존재로 만드셨을까요?

_____

_____

_____

_____

내려놓는 훈련

홀로 있는 동안에 받아야 할 훈련은 내려놓음이다.
외로움 가운데서 하나님이 절실해진다.

예수님이 가시는 곳마다 사람들이 몰려왔다. 예수님은 어디를 가시든지 사람들과 사역에 밀려 육체적, 정신적, 영적으로 쉴 틈이 없으셨다. 예수님은 광야에서 사탄의 유혹에 맞서셨다. 사탄은 권력, 인기, 시류에 영합하라고 부추겼다. 예수님은 겟세마네 동산에서 외롭고 힘든 시간을 보내셨다.

십자가가 다가오면서 갈수록 고독이 더 짙게 다가왔다. 제자들이 곁에 있었지만 그들은 스승의 고통과 무관한 자들이었다. 불법적인 재판을 받는 과정, 십자가를 지기로 결정된 순간에도 주님은 홀로 계셨다. 십자가의 거대한 죽음의 무게를 홀로 담당하셨다. 주님은 의도적으로 혼자만의 시간과 장소를 만드셨다. 홀로의 시간을 통해 안식을 얻으셨고 영적 회복을 누리셨다.

　모세는 광야 40년을 통해서 지도자로 세워졌다. 애굽의 화려한 궁중에서의 40년을 뒤로한 채 광야로 들어갔다. 원하지 않았던 단조롭고 지루한 광야에서 무기력한 외톨이로 살았다. 야곱은 도피극을 펼치던 어느 날 벧엘에서 하나님을 만났다. 얍복 나루의 절체절명 외로운 순간에 하나님과 씨름을 벌였다. 엘리야는 대부분 고독한 생애를 보냈다. 하나님으로부터 부르심을 받은 자들은 고독을 통과해야 했다. 길르앗, 기드론 지역은 철저히 고립된 곳들이다. 그들은 따뜻한 환대 대신 폭력적인 관계에 시달리며 죽기를 구했다.

　이스라엘의 선지자들을 보면 모두 비슷하다. 신약의 세례 요한, 바울은 모두 외로움을 거부하지 않고 끌어안았다. 낯선 현실을 부정하지 않고 받아들였다. 삶의 미사여구는 현실을 진실하게 대면해야 할 때가 좋다. 두려움을 피하고자 분주하게 돌아다니는 일은 위험을 자초한다. 홀로 있음으로 삶은 단순화되고 어지러이 흩어져 있던 삶의 방향이 가지런하게 정돈된다. 인정받고자 하는 욕구, 사람들의 시선으로부터 자유를 얻으려면 내공이 쌓여야 한다.

　외로움의 고통은 생각보다 크다. 무시당하고 외면당한다는 느낌을 받으면 처참해진다. 내가 떠난 것과 사람들이 나를 떠난 것은 외로움의 체감 온도가 다르다. 늘 사람들이 북적이고 소란한 곳에 익숙해 있던 사람에게 홀로는 생소한 환경이다. 자동차가 지나가는 소리, 매연 냄새, 아이들이 떠드는 소리, 카페에 옹기종기 둘러앉은 사람들의 모습에 익숙한 사람들은 격리된 환경을 견디지 못한다.

　'나는 잊히는 것이 아닌가? 무용지물이 되는 것이 아닌가?' 홀로 있는 시간이 길어지면 불안은 증폭된다. 앞을 향해 달려가던 활동을 멈추면 초조해진다. 세월이 흐를수록 조급해진다. 내면 세계는 성난 파도처럼 쉴 새 없이 요동친다. 인정을 받고 싶은 욕구는 쉽사리 줄어들지 않는다.

홀로 있는 동안에 받아야 할 훈련은 내려놓음이다. 집착하고 있는 것을 내려놓아야 한다. 욕망에 시달리던 영혼이 쉼을 얻어야 한다. 정신을 빼앗아 가는 것들로부터 나를 보호해야 한다. 상실을 두려워하지 않아야 한다. 나를 인정해 주지 않은 곳에 머물러 있을 용기가 필요하다. 드러내고자 하는 욕망과 싸워 이기면 강해진다. 불안을 극복하고 지독한 외로움을 견뎌 내면 에너지가 솟아오른다.

외로움 가운데서 하나님이 절실해진다. 하나님을 만난 영혼은 단단해진다. 외로워도 자유롭고 담대할 수 있어야 한다. 준비되지 않고 맞이한 세월은 잔혹하다. 세월의 잔혹함에도 산화되지 않는 영혼의 힘을 가져야 한다. 모든 것을 잃고도 얻어야 하는 것은 영혼의 자유다. 시간의 압력을 이겨 내면 영혼은 자유를 얻는다. 시간 속에서 많은 것을 비워 내야 한다. 매인 것들을 놓아 주어야 한다.

혹독한 광야를 거치며 여물어진 영혼은 모든 사람을 수

Day 31

용할 힘을 가진다. 더 이상 사람을 피하지 않고 사람들을 자신의 삶 안으로 환영한다. 나무에 물이 오르면 가지에 몽우리가 생기고 꽃이 피어나듯, 공허한 내면이 영적으로 채워지면 삶은 풍성해진다.

그냥 실낱같이 이어진 관계가 아니라 창조적 관계가 열려야 한다. 즐거움을 얻고자 매달리고 발버둥 치지 않아도 일상이 행복해지는 단계를 맞이할 수 있어야 한다. 이전에 내치던 관계도 끌어안을 수 있다면 변화다. 혼자 있어도 함께 있다는 느낌을 가질 수 있다면 초월이다.

Q. 잊히는 것에 대해 두려움이 있지는 않습니까? 그런 불안감
   을 경험한 적이 있습니까?

_____

_____

_____

_____

Q. 불안감의 압박 속에서 당신이 내려놓아야 할 것은 무엇입
   니까?

_____

_____

_____

_____

탐욕의 시대, 절제의 영성

절제는 무엇을 하지 않는 것이 아니라 채우는 일이 선행된다.
하나님 안에서 충분한 만족을 하면 단순해진다.

　풍요의 시대다. 절제하기 힘들어져 간다. 무절제로 탐
욕의 노예가 되기 쉽다. 충동질하고 유혹하는 것들에 노출
되어 살아간다. 필요하지도 않은 것을 욕망하게 한다. 더
가지지 못하면 실패한다는 두려움을 심어 준다. 물량주의
가 그리스도인들의 판단력을 흐리게 한다. 모든 영역에서
과잉 현상이 벌어진다. 많이 가져야 행복할 것이라는 착각
속에 산다. 너무 넘치는 풍요에 지쳐 가고 있다. 음미를 모
르고 탐닉만 남는다.

절제력을 잃으면 중독에 빠진다. 중독은 우상 숭배와 같다. 시간과 돈과 열정을 다 쏟고 있다면 숭배다. 한번 우상에 빠지면 더 많은 것을 요구하고 억압한다. 중독은 강박증으로 연결된다. 중독이란 자신이 의존하는 것에서 빠져나오지 못한 상태다. '좀 더', '좀 더' 하다가 덫에 걸려든다. 제어 기능에 심각한 결함이 생겼다는 뜻이다.

절제는 죄성과 연결된다. 죄성은 자아 중심적 만족을 위해 쉬지 않으려는 속성을 드러낸다. 움켜쥐고 쌓고, 버리고 비울 줄 모른다. 갈수록 복잡해진다. 스스로 매여 버린다. 노예란 자기 마음대로 할 수 없는 상태를 의미한다.

사람들이 절제하지 못하는 이유는 결핍 증세 때문이다. 사람들은 배가 불러도 먹고 또 먹는다. 가지고 있어도 더 가지려고 한다. 소비주의 시대에 박약한 의지로는 어디로 끌려갈지 알 수 없다. 소유 중심의 삶은 영혼 깊숙한 곳까지 파고드는 유혹을 거절하기 어렵다. 현대인들의 욕망은 커질 대로 커져 있다. 절제보다 방종이 일상화되어 버렸다. 무엇인가를 얻기 위해 동분서주하고 있다면 절제력이 붕괴되어 있을 가능성이 높다.

> 자기의 마음을 제어하지 아니하는 자는 성읍이 무너지고 성벽이 없는 것과 같으니라 잠 25:28

절제는 영적 성숙에 있어 중요한 요소 중 하나다. 절제 없는 성숙은 불가능하다. 절제는 하루아침에 이루어지지 않는다. 오랜 훈련이 필요하다. 삶은 제한적이며 절제하지 못한 삶은 낭비다. 에너지를 과다하게 허비하면 갈수록 삶은 붕괴된다. 소비와 방종의 끝은 파국이다. 과도한 힘의 방출을 막아야 한다. 단순하게 사는 법을 터득해야 한다. 적어 불행한 것이 아니라 너무 많아 불행해질 수 있다.

바울은 목표가 분명했다.

이기기를 다투는 자마다 모든 일에 절제하나니 그들은 썩을
승리자의 관을 얻고자 하되 우리는 썩지 아니할 것을 얻고자
하노라 고전 9:25

절제의 훈련을 빼놓을 수 없다. 승리의 레이스를 위해
서 가장 큰 난적은 자기 자신이다. 자기 자신을 이기지 못
하면 실패다. 성경적인 절제란 단순히 도피적이거나 금욕
적인 것을 말하지 않는다. 절제는 무엇을 하지 않는 것이
아니라 채우는 일이 선행된다. 하나님으로 만족하지 않는
한 결핍은 사라지지 않는다. 내적 결핍과 공허를 채워야 절
제가 가능해진다. 하나님 안에서 충분한 만족을 하면 단순
해진다. 절제력을 가질 때 자유가 온다.

형제들아 너희가 자유를 위하여 부르심을 입었으나 그러나 그
자유로 육체의 기회를 삼지 말고 오직 사랑으로 서로 종노릇
하라 갈 5:13

절제 훈련이 되어야 속박으로부터 풀려나 자유를 누린
다. 절제력에서 집중력이 주어진다. 그때 에너지가 집중되

고 풍요로워진다. 내가 살고 싶은 마음뿐만 아니라 살 수 있는 능력이 주어진다. 나를 지배하던 것에서부터 풀려날 때 찾아오는 기쁨은 크다.

절제는 성령의 열매다. 성령의 인도하심 가운데 살아갈 때 맺히는 열매다. 작은 순종을 할 때라도 성령의 도우심을 구해야 한다. 절제를 위한 절제를 하면 안 된다. 기독교는 자기 수양으로 끝나지 않는다. 목적이 분명하지 않으면 절제는 의미를 잃는다. 절제 훈련이 안 되면 갈수록 혼란해진다. 자기의 세계에서 벗어나지 못한다. 자기중심적인 삶에서 벗어날 때 이타적 삶이 시작된다.

절제력이 높을수록 삶은 강력해진다. 에너지가 모인다. 움켜쥐려는 모드에서 주는 모드로 전환된다. 절제할 때 삶은 단순해진다. 목적이 분명하다. 자기 절제의 훈련으로 성숙에 이를 때 주님을 위해 살 준비가 된다. 절제하면 새로운 삶이 열린다. 절제의 미가 여유로운 삶을 제공해 준다. 갈수록 삶이 아름다워진다.

그리스도 예수의 사람들은 육체와 함께 그 정욕과 탐심을 십자가에 못 박았느니라 갈 5:24

DEVOTION

Q. 절제가 영적 성숙에 있어서 중요한 이유는 무엇입니까?

_____

_____

_____

_____

Q. 당신의 현재를 돌아보십시오. 당신의 욕구는 절제의 지배
아래에 있습니까? 절제로부터 오는 자유와 영적 풍요를 누
리고 있습니까?

_____

_____

_____

_____

몸과 영혼의 연합

몸의 영성은 세속에 물들지 않기 위한 거룩한 몸부림이다.
그것은 다름 아닌 구도자의 삶이다.

몸이 중요하다. 영성을 추구한다고 해서 육체를 부정하
지 않는다. 비육체적인 것이 영성은 아니다. 영성 안에 몸
이 포함된다.

예수님은 천사의 영으로 오신 것이 아니라 인간의 몸
을 입고 세상에 오셨다. 주님은 마지막 만찬에서 "받아 먹
으라 내 몸이니라"라고 말씀하셨다. 몸을 경험하게 하셨다.
친밀함의 경험이다. 주님은 당신의 몸을 하나님과 인간의
화해를 이루는 데 제물로 드리셨다. 뿐만 아니라 장래에 몸

의 온전한 변화를 약속하셨다. 현실의 삶에서 우리의 몸은
여전히 죄의 지배를 받고 있다. 하나님을 떠나 자기의 길을
가고자 하고, 하나님같이 되려고 하는 교만과 탐욕이 인간
의 몸을 해치고 있다.

요즘 중독 현상들이 많다. 중독의 대상이 되는 어떤 사
물이나 경험이 무조건 나쁜 것은 아니다. 몸을 아름답게 가
꾸기 위해 옷을 사는 것은 나쁜 일이 아니다. 몸을 건강하
고 아름답게 가꾸고 운동하는 일은 좋은 일이다. 사람과의
관계에 지나치게 집착하여 중독되는 것은 나쁘지만 친구
와 사람들을 사귀는 것은 바람직하다.

중독이 나쁜 이유는 좋지 않은 것에 이끌렸기 때문만이
아니다. 한 가지 좋은 것에 지나치게 의존하고 있는 것이

문제다. 어떤 것에 지나치게 의존하고 집착하고 있다면 몸의 영성에 문제가 있다.

인간의 내면에는 천사와 같은 면이 있는가 하면 짐승과 같은 동물적 본능도 내재되어 있다. 영원을 추구하려고 하는 고상한 심성이 있기도 하지만 눈앞의 유혹에 쉽게 무너지는 악마적 성향을 가지고 있다.

몸을 가지고 사는 동안 거룩한 삶과 세속의 삶 사이에 끼어 긴장감이 있다. 몸의 영성은 세속에 물들지 않기 위한 거룩한 몸부림이다. 몸을 입고 있는 동안에 치러야 할 싸움을 거부하면 안 된다. 승리와 실패를 오가며 좌절을 맛보는 가운데 조금씩 영성의 꽃을 피워 가야 한다.

그것은 다름 아닌 구도자의 삶이다. 그런 관점에서 모두는 어른이 되었다기보다는 영적 어린아이로 출발한다. 몸의 크기는 어른인데 아직 영성으로 다듬어지지 않은 몸은 죄에 취약하다. 영성의 관점에서 보면 우리의 몸은 아직 완성된 모습이 아니라 자라 가야 할 몸이다. 주기도에서 예수님은 육체를 가진 인간을 위한 기도를 가르쳐 주셨다. 육체를 가진 인간에 대한 긍정의 기도다.

일용할 양식을 주시옵고 … 우리를 시험에 들게 하지 마시옵고 다만 악에서 구하시옵소서 마 6:11-13

기독교 역사 중에 몸을 부정하는 이원론주의자들이 있다. 육체를 악한 것으로 여기고 금욕주의적 삶을 강요했다. 그들은 육체를 학대하는 경향이 있었다. 육체적 즐거움을 죄악시했다.

몸을 긍정해야 한다. 몸은 연약하기는 하지만 귀중한 하나님의 작품이다. 몸은 하나님이 주신 선물이다. 영혼과 육체를 분리하면 안 된다. 죄로 망가진 오감을 회복시켜 가는 것이 영성이다. 예수 그리스도가 육체를 입고 오신 이유는 우리의 영혼만이 아니라 몸의 구원을 위한 것이기도 하다.

몸은 거대한 잠재력을 가진 아이와 같다. 가르치지 않고 내버려 두면 버릇이 없어진다. 그러므로 영혼만이 아니라 몸도 함께 훈련해 가야 한다. 몸도 영혼처럼 다듬고 가꾸어야 한다. 몸이 영의 세계를 기꺼이 환영하고 받아들이도록 훈련해야 한다.

인내하는 것도 몸의 훈련에 속한다. 깊은 기도의 경지

에 도달하려면 몸의 훈련을 해야 한다. 엉덩이가 들썩거리지만 기도의 자리에 지긋이 머물러 있는 몸의 훈련을 거쳐야 한다. 아무리 영적 깊은 세계로 나가고 싶어도 몸이 훈련되지 않으면 허황된 꿈이 되고 만다. 사모함만으로는 기도의 사람이 될 수 없다. 기도의 자리는 영혼만이 아니라 몸도 함께 나아가야 한다.

마음의 원함과 몸의 원함이 일치를 이루는 단계까지 가도록 훈련해야 한다. 몸이 훈련되지 않으면 죄의 유혹 앞에서 무력하다. 우리는 몸으로, 몸을 통해서 배워 간다. 죄의 습성 앞에서 무너지지 않고 거룩한 성전이 되려면 몸의 영성을 지속적으로 부단히 다듬어야 한다.

육체로부터 도피하지 않고, 그렇다고 육체를 탐닉하지 않으면서 몸으로 하나님을 예배하는 자로 나아가는 것이 영성의 길이다. '우리 몸이 곧 성전'이라는 개념, '우리 몸을 거룩한 산 제물로 드리는 것' 등은 영혼과 육체의 일치된 연합을 통해 완성된다.

Q. 당신이 많은 시간을 할애할 정도로 가치 있게 여기며 즐거 워하는 것은 무엇입니까? 그것을 스스로 통제할 수 있습 니까?

_____

_____

_____

_____

Q. 건강하고 거룩한 몸의 영성을 유지하기 위해 당신이 훈련받 고 실천해야 할 것은 무엇입니까?

_____

_____

_____

_____

내가

있는 곳이

6장

–

자유

하늘과 닿는
성소가 된다

광야 이전과 이후

광야가 아니면 경험할 수 없는 신비가 많다.
광야에서 최고의 비경은 하나님의 임재다.

광야를 통과하고 나면 강해진다. 광야 이전과 이후는
완전히 다르다. 광야를 경험한 사람은 잡초같이 강인해진
다. 밟혀도 다시 일어난다. 실패해도 다시 일어난다. 허약
한 모습이 사라진다. 기품 있고 매력이 엿보인다. 더 이상
작은 문제 앞에서 무너져 내리지 않는다. 광야를 통과하고
나면 유혹거리가 힘을 잃는다.
　광야를 통해 말씀을 체화하게 된다. 말씀이 몸에 새겨
진다. 피상적인 말씀을 붙들고는 통과할 수 없는 곳이 광야

다. 시련의 바람이 불어도 더 단단해지는 이유는 광야는 건성으로 대충 때울 수 없는 곳이기 때문이다.

광야를 통과하고 나면 신앙생활에 탄력이 붙는다. 위기에 강하다. 역경 지수가 높아진다. 검증을 거친 리더가 된다. 광야를 지나고 나면 저절로 따르는 사람들이 생긴다. 영향력이 커진다. 약한 자들을 섬기는 자리에 있게 된다. 삶의 폭이 넓어지고 성품이 아름답고 수려해진다. 광야 학교를 잘 이수하고 나면 부요해진다. 한계를 뛰어넘어 본 사람은 한계를 두려워하지 않는다. 도전을 즐긴다. 시련과 유혹을 이겨 내고 나면 웬만한 일에도 초연해진다.

광야를 통과해야 가나안이 온다. 광야의 과정 없이 주어진 가나안은 축복이 아니다. 성공만 경험한 사람은 성공이 도리어 독이 된다. 광야에서의 실패는 겸손을 선물로 안겨준다. 이스라엘 백성은 광야에서 고개를 들다 실패했다. 광야에서 예수님의 승리는 광야 길을 걷는 이들에게 용기를 준다.

광야를 통과하고 나면 그때부터 하나님이 쓰신다. 겨울의 비바람을 통과하고 난 나무는 재목이 된다. 춥고 어두운 밤을 지나온 사람들은 유약하지 않다. 광야 이후에 쓰임새는 전혀 다르다. 광야 학위는 다른 스펙을 능가한다.

원하지 않든 원하든 광야는 다가온다. 광야는 피해자들이 속출하는 곳이다. 광야에서 쓰러져 일어나지 못하면 끝이다. 광야에서 상처와 고통으로 얼룩져 방황으로 끝난 사람들이 많다.

광야를 통과하고 나면 언어로 표현할 수 없는 농축된 지혜가 스며 나온다. 할 일이 많다. 광야를 통과하고 나면 해 줄 말이 많다. 광야에서 길을 찾아낸 사람들은 더 이상 방황하지 않는다. 계속 광야를 통과할 사람들에게 길이 된다. 광야에서 얻은 지식은 추상적인 것이 아니다. 뜬구름 잡는 이론의 허구를 잘 안다. 오리무중의 신앙에서 벗어난다.

광야의 길에서 만난 하나님은 특별하다. 광야에서 만난 하나님은 원색적이다. 깊은 만남이다. 하나님의 지문이 영혼에 깊이 새겨진다. 광야에서 하나님을 만나면 두려움이 사라진다.

내가 사망의 음침한 골짜기로 다닐지라도 해를 두려워하지 않을 것은 주께서 나와 함께하심이라 시 23:4

하나님을 만나기 이전까지만 광야는 두렵고 외롭고 불안정한 곳이다. 하나님을 만날 때까지 방황은 계속된다. 광야에는 미로가 많다. 하나님 없이 광야를 지나면 백발백중 길을 잃는다. 광야에서 필사적으로 하나님을 찾아야 한다. 광야에서 만난 하나님은 강력하고 경이롭다. 사막에 길을 내시고 반석에서 물이 터져 나오게 하시는 하나님을 만나면 다음 레벨로 올라간다. 광야로 몰리면 두려워하지 말라. 광야는 피할 곳이 아니라 반겨야 할 곳이다.

광야가 아니면 경험할 수 없는 신비가 많다. 광야에서 최고의 비경은 하나님의 임재다. 사그라지지 않는 불꽃으로 찾아오신 하나님은 모세의 광야 40년 세월에 종지부를 찍게 하셨다. 영원히 현존하시는 하나님은 광야의 태양보다 더 뜨겁게 다가오신다. 거친 광야에서 마주친 하나님의 사랑은 부드럽고 황홀하다.

광야 이전과 이후는 너무 다르다. 삶의 격이 달라진다. 어디에 있느냐보다 누구와 함께하느냐가 삶을 결정한다. 하나님이 아니면 살 수 없는 곳, 그곳에서 하나님을 만난 사람들은 미로에서 빠져나와 새로운 영토로 인도하심을 받는다. 광야는 내팽개친 곳이 아니라 하나님이 함께하심을 알려 주시는 곳이다. 광야는 건조한 땅이 아니라 물 댄 동산이 된다.

아직도 공허한 광야에서 텅 빈 영혼으로 무의미의 반복으로 돌고 도는 인생들이 많다. 광야에서 길을 잃은 사람들, 그들을 이끌어 낼 사람들은 광야 학교 출신자들이다. 광야를 통과하고 나면 사명자가 된다. 광야에서 기다리고 계시는 하나님을 만나 보라.

Q. 광야를 경험하기 이전과 이후는 무엇이 다릅니까?

_____

_____

_____

_____

Q. 인생의 광야에서 하나님을 만난 경험이 있습니까? 그때 하
나님이 당신을 어떻게 인도하셨습니까?

_____

_____

_____

_____

모든 것을 잃었으나 모든 것을 얻었다

광야의 핵심 과목은 '포기'다.
포만감으로 가득 찬 배를 굶겨야 하나님만을 갈망하게 된다.

갈수록 삶이 무거워져 가고 있는가? 삶의 무게에 짓눌
려 쓰러지는 사람들이 많다. 자칫하면 고갈되고 소진되어
가는 인생이 된다. 피로의 누적은 탈진으로 이어진다. 누가
지워 준 무게 때문일까?

광야는 삶의 무게를 가볍게 하는 과정이다. 무거운 것
을 비워 내야 한다. 광야는 비우는 곳이다. 삶을 무겁게 하
는 것은 욕망이다. 삶의 에너지는 무한하지 않다. 사소한
것까지 힘을 주면 신속하게 방전된다. 엔진이 꺼지면 올 스

톱이다. 버려도 되는 것을 놓지 못하면 혼신을 쏟아부어야 할 순간에 무력하게 된다. 좋는 것이 많으면 피곤해진다. 다초점의 삶은 너저분해진다. 살다 보면 많은 책임과 의무가 밀려온다.

무엇을 위해 존재하는지 선명해야 한다. 머리가 복잡하면 삶도 엉켜 있을 가능성이 높다. 광야에서는 포기하는 연습을 해야 한다. 광야의 핵심 과목은 '포기'다. 욕망의 잔가지를 제거해야 한다. 모든 것을 끌어안고는 광야를 통과할 수 없다. 자신도 모르게 쌓여 있는 노폐물들을 걸러 내야 한다.

노폐물이 제거되면 영적 허기를 느끼게 된다. 새로운 것에 대한 갈망이 일어난다. 늘 기름진 상태에서는 음식을 갈망하지 않게 된다. 포만감으로 가득 찬 배를 굶겨야 하나님만을 갈망하게 된다. 광야를 체험해 본 사람은 두려움보다 그리움이 밀려온다. 원색적으로 하나님을 경험할 수 있는 곳이기 때문이다.

도시의 한가운데서도 광야는 가능하다. 둘러싼 것들로부터 일시적인 분리를 하면 된다. 의지하는 것들, 집착하던 것들로부터 떠나면 광야가 된다. 나를 분주하게 하는 것들로부터 의도적 단절을 해야 한다. 친하게 지내던 사람들과도 조금의 거리를 두고 일시적 칩거를 선택해 보는 것이다. 핸드폰, 인터넷, TV 등 문명의 이기들로부터 일시적 차단을 해 보는 것이다.

내가 광야를 만들지 않으면 하나님이 광야로 내몰아 넣으실 수 있다. 대개는 광야에 스스로 들어가려고 하지 않는다. 광야는 수시 입학이다. 자발적 선택을 하지 않으면 타의에 의해 들어가야 한다. 모세의 미디안 광야 40년이 대표적이다. 그가 도망쳐 간 것 같지만 하나님 편에서 그를 떠밀어 넣으셨다.

초행길로서의 광야는 혹독하다. 광야는 모든 것을 집어삼킬 것 같다. 시간이 멈춘 듯하다. 어설픈 광야 탈출극을

시도하다가는 다시 감금당하고 만다. 광야 학교는 조기 졸업이 없다. 인간의 절대한계를 경험하고 절망의 끝 지점까지 가야 한다.

혼돈의 적정한 과정을 통과하고 나면 질서가 찾아온다. 거친 영혼의 제련 작업이 마치면 명품으로 오롯이 드러난다. 다윗은 광야에서 혹독한 시련의 세월을 보냈다. 나중에 그는 시를 통해 광야를 '피난처' 혹은 '피할 바위'로 표현했다. 위험한 곳이었지만 더 위험한 것들로부터 자신을 보호해 준 곳, 그곳이 광야다.

광야의 여정을 통과하고 나면 피해자가 아니라 수혜자가 되어 있는 자신을 발견한다. 하나님이 거친 곳으로 내몰아 넣으신 것 같았는데 사실은 많은 것으로부터 나를 지켜 주셨다는 것을 깨닫게 된다. 환경적 부족함은 있었지만 영혼의 만족도는 높아진다.

내 마음대로 할 수 있는 환경은 육체적으로는 편안하지만 영적으로는 고달픈 순간이다. 누구에게나 경제적으로, 육체적으로 힘들어 의지할 곳 없어 오직 하나님께만 매달렸던 순간이 있다. 돌아보면 그때가 인생에 있어 가장 깊이 하나님을 만나고 경험한 순간이었다는 것을 알게 된다. 광야는 피난처가 되고, 그 피난처는 다름 아닌 하나님이었음을 발견하게 된다. 모든 것을 잃어도 하나님만 얻으면 된다. 다윗에게는 광야가 피난처였다. 그 피난처가 아니었다면 그는 왕이 될 수 없었다.

광야를 경험하고 있다면 빨리 피하려고 하지 않는 것이 좋다. 광야를 거쳐야 한다. 광야는 신비로운 곳이다. 멀리서 보면 광야는 달갑지 않은 곳이지만 광야가 아니면 경험할 수 없는 경이로운 것들이 너무 많다. 광야는 축복이다. 광야에는 숨겨진 비경이 많다. 모든 것을 새롭게 바꾸어 놓는다.

광야를 거친 사람은 두드러진다. 영혼에 빛이 난다. 삶의 결이 단연코 고결하고 아름답다. 영혼의 깊이가 다르다. 광야에서 피어난 꽃은 아름답다. 눈물 골짜기를 지나고 나면 환희의 순간이 온다.

묵상

Q. 광야를 지나기 위해 중요한 것은 무엇입니까? 당신에게 욕
   망의 잔가지는 무엇입니까?

_____

_____

_____

_____

Q. 광야를 거친 사람은 영혼에 빛이 납니다. 그렇다면 하나님이
   인도하신 광야의 끝에서 당신은 어떠한 모습이겠습니까?

_____

_____

_____

_____

독대의 자리에서

나를 있는 그대로 받아 주시는 하나님의 시선 안에서
더 이상 상처는 없다.

광야는 숨는 훈련을 하는 곳이다. 얼마 동안 숨어 있어
야 하는지 알 수 없다. 드러나기 전에 충분히 숨어야 한다.
숨는 일은 쉽지 않다. 죽음과도 같은 경험이다. 광야의 시
간 없이 드러나면 드러나는 순간 죽음을 맞이할 수도 있다.
섣부른 드러냄은 위험하다. 실패하는 이유는 너무 이른 성
공 때문이다. 너무 일찍 대중에게 드러나면 단명한다.

광야는 자기를 낮추는 시간이다. 부풀어 오른 거품을
제거해야 한다. 광야는 정금 같게 하는 시간이다. 냉철한

자아 성찰을 거쳐야 한다. 드러내고 싶은 허영은 쉽게 사라지지 않는다. 높아지고자 하는 자아 숭배적 교만은 암 덩어리와 같다. 사람들이 상처를 잘 받는 이유는 병적인 자존심 때문이다. 겉으로는 멀쩡하지만 깊은 열등감에 허우적거린다.

광야는 자아가 죽는 시간이다. 십자가를 깊이 통과해야 한다. 혈기가 죽어야 한다. 광야는 자신을 증명하고 싶어도 봐 줄 대상이 없다. 광야에서는 어깨의 계급장이 다 떨어진다. 드러내는 것은 우리가 할 일이 아니라 하나님 편에서 하시는 일이다. 광야는 하나님이 하나님의 사람들을 준비시키시는 시간이다. 광야에서 충분히 준비되지 않고 나가면 다시 광야로 들어가야 한다.

모세는 지루할 정도로 긴 광야 생활을 했다. 자신감으로 가득 찼던 시절에는 하나님이 그를 외면하셨다. 타는 가시떨기 가운데 찾아오신 하나님을 만났을 때는 인간적인 야심과 자만심이 세월의 풍상에 깎여 있었다.

이름이 알려진다는 것은 두렵고 위험한 일이다. 인기나 권력의 자리에 앉는다는 것은 위험천만한 일이다. 달콤한 유혹 뒤에 어른거리는 야수들이 달려들려고 줄을 서 있다.

광야에서 자아가 죽고 온전히 새롭게 태어나야 한다. 처음 홀로 있을 때 혼돈의 시간을 보내야 한다. 최악의 순간을 맞을 수도 있다. 자칫하면 미치거나 병이 들기도 한다. 우울증, 각종 중독은 홀로 지내다 실패해 생긴 후유증들이다. 무질서하고 깨어진 자신과 마주치는 일은 괴로운 일이다.

광야에서는 자신과 처절한 사투를 벌여야 한다. 모든 것과 단절된 곳에서 더 이상 자신에게 붙들 것이 하나도 없음을 인정할 때 하나님의 러브콜을 받는다. 독대의 자리다. 지금 이곳에 살아 계시는 하나님을 만나는 황홀한 경험이다. 하나님은 일대일의 존재론적인 맞닥뜨림을 원하신다. 우리는 광야라는 코너로 몰리기 전에는 버틸 때까지 버틴다. 하나님과의 독대를 거부한다. 마침내 내몰림의 끝에서 투항을 선언하고 하나님의 콜에 응대한다.

하나님과의 관계가 깊어지면 자존감이 수직 상승한다. 병든 자존감이 치유를 경험하고 건강한 자아상으로 회복된다. 더 이상 드러내고자 하는 유혹에 빠져들지 않아도 된다. 드러나지 않음에 대한 불안이나 초조함이 없다. 그냥 나로 충분함을 경험한다. 그리스도 안에서 누리는 존재의 부요함이다. 우리는 나보다 잘난 사람을 만나면 마음이 상하고 위축되고 기가 죽는다. 그러나 절대지존하신 하나님 안에 거할 때 깊은 평안이 온다.

하나님은 상처를 주지 않으신다. 그분의 사랑 안에서 누리는 평안은 세상에서 경험할 수 없는 치유적 힘이다. 나라는 존재가 얼마나 귀한 존재인가! 나를 있는 그대로 받아 주시는 하나님의 시선 안에서 더 이상 상처는 없다. 더 이상 다른 사람의 시선과 평가에 휘둘릴 이유가 없다. 내가 나로 충분히 살아갈 수 있는 힘, 다른 사람의 평가로부터 자유로워질 때 비로소 나다운 삶이 시작된다. 비로소 쉼 없던 삶에 평화가 찾아온다.

광야의 길은 홀로가 아니다. 뜨겁게 다가오시는 하나님

과 뜨겁고도 내밀한 만남의 순간을 맞는다. 내몰림의 끝에서 만난 하나님은 새로운 변신을 하게 하신다. 자아 집착에서 벗어나 온전히 그리스도 중심의 삶, 새로운 탄생이다.

사람의 평판에 매이지 않는 자유, 집착하지 않아도 되는 자유, 연약함을 기꺼이 내어놓을 수 있는 자유, 하나님 한 분께만 붙들려 살아갈 때 누리는 자유, 어떤 성취가 아닌 하나님을 만날 때 찾아오는 포만감 등 광야를 통해 얻는 축복은 너무 많다.

Q. 숨을 곳이 필요한 이유는 무엇입니까? 그리고 숨을 때 어떤
유익이 있습니까?

_____

_____

_____

_____

Q. 하나님과 관계가 깊어지면 병든 자존감이 치유를 경험합니
다. 당신은 이런 경험을 한 적이 있습니까?

_____

_____

_____

_____

나에 대한 집착에서 벗어나다

말씀 묵상이 깊어지면 영혼의 상태가 오롯이 드러난다.
자신을 묶고 있는 것들이 무엇인지를 알아야 풀려날 수 있다.

생활 도구를 바꾸면 자신이 섬기던 신도 바꾼다고 한
다. 핸드폰이 세상을 많이 바꾸어 놓았다. 어디를 가나 사
람들이 자신의 핸드폰을 들여다보고 있다. 공항이나 역, 버
스 정류장은 물론이고 식당에서도 가족들이 앉아 각자 핸
드폰을 쳐다보고 있는 모습은 이제 일상적인 풍경이다.

핸드폰으로 자신의 얼굴을 찍는 모습을 자주 목격한다.
주변의 경관보다 자신의 얼굴을 담는 일에 더 몰두한다. 때
로는 절벽 끝에서 아찔한 상황이 벌어진다. 펼쳐진 풍경은

보조적 배경일 뿐, 모든 것은 자신을 위한 보조 장치에 불과하다.

이 정도면 나르시시즘이라 할 수 있다. 자기의 얼굴을 묵상하고 자기의 외모에 감탄한다. 핸드폰이 없다면 어떻게 살 수 있을까? 얼굴이나 외모가 상품화되고 이미지 관리에 몰두하다 보면 영혼의 질은 급속히 추락한다.

블로그와 유튜브, 인스타그램 등이 흥행하고 있다. 일종의 자기 홍보를 위한 거대한 시장은 갈수록 확장되고 있다. 타인의 동의와 지지를 받고 싶어 하는 열망이 극렬해지고 있다. 인정 욕구에 시달리며 살아가는 사람들이 생각보다 많다. "좋아요!"를 눌러 주기를 애타게 기다리며 구애한다.

지나친 자기 과시에 열을 올리는 세상은 갈수록 공허해질 수밖에 없다. 타인의 눈길에 매달려 살아간다면 이미 병적인 자기애에 빠져 있을 가능성이 높다. 거짓된 자아의 속삭임에서 벗어나지 못하면 자기 우상화에 빠지게 된다. 예수님 시대의 바리새인들이 그랬다. 외적 열심에도 내면은 늘 불안했다.

종교적 자기 몰두는 이웃과 경계선을 긋는 단절의 삶으로 연결된다. 실제로 현대인은 타인의 고통에 대해서 무서울 정도로 무관한 반응을 보인다. 공감 능력이 현저히 떨어진다. 자기 얼굴만 들여다보고 있는 자아는 한없이 외롭다.

사람들에게 보이는 나와 보이지 않는 나를 구분해야 한다. 좋은 것을 보여 주고 싶어 하는 내면의 다른 쪽에는 불안함이 있다. 연약한 부분을 감추고 싶지만 영혼의 상태는 은연중에 드러나게 되어 있다. 무엇인가 부자연스럽고 과장된 행동을 하는 이유는 상처에서 나온다. 숨겨져 있는 그릇된 욕구들을 읽어 내야 한다.

자신의 심각한 상태를 전혀 알지 못하는 인지부조화 증상이 만연되어 있다. 자아 발견의 실패는 위선의 길을 재촉한다. 무엇보다 자기기만이 무섭다. 위장되고 포장할수록 자기 자신이 누구인지 알 수 없다. 실제의 자신보다 부풀리는 과대망상증에 시달린다.

병적인 내면의 영혼을 치유하려면 말씀 앞으로 가야 한다. 성경을 읽고 묵상하면 영혼의 구석진 부분까지 다 드러난다. 영혼의 밝은 부분과 어두운 부분을 동시에 볼 수 있어야 한다.

하나님의 말씀은 살아 있고 활력이 있어 좌우에 날 선 어떤 검보다도 예리하여 혼과 영과 및 관절과 골수를 찔러 쪼개기까지 하며 또 마음의 생각과 뜻을 판단하나니 지으신 것이 하나도 그 앞에 나타나지 않음이 없고 우리의 결산을 받으실 이의 눈앞에 만물이 벌거벗은 것같이 드러나느니라 히 4:12-13

진리의 빛에 노출될수록 자아의 민낯이 드러난다. 크고 작은 죄의 실체가 드러날 때 숨기려고 하지 않아야 한다. 건강한 자기 노출을 해야 치료가 시작된다. 영혼의 그늘진 곳에 진리의 빛이 충분히 비치도록 시간을 내어놓는 용기가 필요하다. 침묵하는 일, 성경을 읽고 묵상하는 일, 일기를 쓰는 일 등은 자신을 볼 수 있는 좋은 기회다.

말씀의 빛이 비칠 때 숨지 말고 자신의 모습을 하나님께로 정직하게 가지고 나아가야 한다. 말씀 묵상이 깊어지고 영성 일기를 쓰다 보면 영혼의 상태가 오롯이 드러난다. 자신을 묶고 있는 것들이 무엇인지를 알아야 풀려날 수 있다.

진리를 알지니 진리가 너희를 자유롭게 하리라 요 8:32

진리의 온전한 경험은 나에 대한 집착에서 벗어나 하나님과 이웃을 향해 마음의 문을 열게 한다. 그때부터 이웃의 고통에 공감하고 서로 간에 교감이 생기고 하나님의 기쁨에 참여하는 일이 일어난다. 다른 사람으로부터 인정과 칭찬을 받지 못해도 불행하지 않을 정도로 하나님의 사랑을 충만히 경험해야 한다. 나를 향한 관심에서 벗어나 하나님에 대한 관심이 깊어져 가는 것이 자유의 길이다.

Q. 말씀은 영혼을 어떻게 치유합니까? 당신에게 말씀으로 치
유받고 싶은 부분이 있는지 생각해 봅시다.

_____

_____

_____

_____

Q. 말씀을 통해 답답했던 심정이 자유를 얻고 희락으로 가득차
는 경험을 한 적이 있습니까?

_____

_____

_____

_____

그리스도의 기쁨을 소유하다

세상의 절망이 침투해 들어올 수 없는 곳은
그리스도의 기쁨을 소유한 사람의 마음이다.

현대인들은 지쳐 있다. 노래를 부르지만 애조를 띠고 있다. 즐거움을 위한 소품들은 많지만 금방 식상해진다. 소유했지만 존재는 불안하다. 미래를 위한 계획은 거창하지만 보장할 수 없다. 사람들은 우울한 세상에서 절망을 체험하며 살아간다. 그리스도는 탄식과 절망으로 채워진 세상에 기쁨을 주기 위해 오셨다. 2천 년 전 주님의 탄생은 인류에게 큰 기쁨의 좋은 소식이었다. 예수를 믿을 때 잃어버린 기쁨이 복원된다.

주님은 "내가 이것을 너희에게 이름은 내 기쁨이 너희 안에 있어 너희 기쁨을 충만하게 하려 함이라"(요 15:11)라고 말씀하셨다. 주님은 기쁨으로 충만한 분이셨다. 주님이 제자들에게 주신 선물은 기쁨이었다. 신앙은 기쁨이 넘치는 삶으로 초대한다.

경건을 침울한 모습으로 연상한다면 오해다. 굳어지고 엄격해지고 어두워지고 있다면 무엇인가 꼬여 있다고 보아야 한다. 매사에 너무 심각해 대화가 잘 안되는 사람들이 있다. 결연한 투지는 있지만 자유함이 없다.

그리스도인이 세상의 즐거움을 구하면 기쁨을 잃어버리기 쉽다. 세속적 즐거움은 영적 즐거움을 방해한다. 세상적 안정이나 즐거움을 구할수록 불안해진다. 무엇인가로 채우려고 할수록 기쁨으로부터 멀어진다. 인간의 타락으로 인한 하나님과의 관계 단절은 곧 기쁨의 상실로 이어졌다. 대신 엉뚱한 것으로 즐거움을 얻고자 몸부림을 치게 되었다. 말초적 즐거움을 얻고자 몸부림을 치는 삶 자체가 일종의 징벌이다.

하나님을 떠난 인간은 스스로 즐거움과 만족을 찾지만 결국 실패한다. 더 큰 절망과 슬픔에 사로잡힌다. 행복하게 살고 싶지만 세상에는 기쁨의 훼방꾼들이 진을 치고 있다. 그리스도인이 기뻐해야 하는 원천은 상황이나 조건이 아니라 그리스도와의 관계 안에서 주어진다.

나는 여호와로 말미암아 즐거워하며 나의 구원의 하나님으로
말미암아 기뻐하리로다 합 3:18

하박국 선지자의 노래다. 상황을 뛰어넘은 즐거움이 있다.

영성 생활의 최종적 모습은 축제적 삶이다. 그리스도인의 신앙생활은 극기가 아니다. 고통스러운 현실로부터 도피하려는 삶도 아니다. 하나님은 어떤 상황 가운데서도 기

뿜을 누리게 하신다. 예수 믿는 사람의 삶은 기쁨의 축제여야 한다. 그리스도인은 세상 사람들이 알고 있는 즐거움과 근본적으로 다른 것을 누린다. 영성으로 깊어져 간다는 것은 우울과 절망이 서서히 물러나고 기쁨과 즐거움으로 풍성해져 가는 삶이다.

주님과 친밀함을 유지하면 주님의 기쁨이 나를 감싸게 된다. 예수 믿는 삶은 환희의 축제다. 예수의 첫 이적이 가나안의 혼인 잔칫집에서 일어났다는 것은 의미가 깊다. 기쁨이 소진되어 바닥을 긁고 있던 당시 유대교의 상황에서 그리스도로 인한 삶의 향연을 대조시켜 준다. 예수님이 물을 포도주 되게 하신 일은 기쁨의 환원이다.

탕자가 돌아왔을 때 잔치가 벌어졌다. 아버지는 온 동네 사람을 자신의 기쁨 안으로 불러들였다. 아버지는 춤꾼이었다. 빼앗겼던 법궤의 귀환에 춤추었던 사람은 다윗이다. 그는 감정을 표출하는 법을 알았다. 즐거워할 줄 아는 풍류 시인이었다.

모든 것을 규격화하고 정형화하는 사람들은 즐거움이 무엇인지 모른다. 제도화된 종교 생활은 삶이 어둡다. 축제의 삶과 거리가 멀다. 하나님 아버지의 기쁨에 함께 동참하

는 것이 신앙이다. 그리스도인이 누리는 즐거움 안에 세상
이 알 수 없는 비밀이 있다. 신자들이 모이면 거대한 기쁨
의 파도가 일렁여야 한다. 즐거움의 파장이 높아지고 행복
의 공명이 일어나야 정상이다.

구원의 삶은 기쁨의 회복이다. 축제가 벌어지는 곳에는
승리의 노래가 있다.

여호와로 인하여 기뻐하는 것이 너희의 힘이니라 느 8:10

세상의 절망이 침투해 들어올 수 없는 곳은 그리스도의
기쁨을 소유한 사람의 마음이다. 복음은 가녀리고 옅은 행
복이 아니다. 깊은 만족이고 풍성한 기쁨이다. 소유가 아니
라 존재다. 막연한 미래가 아닌 지금 이곳에서 천국을 누리
는 삶이다.

Q. 하박국 선지자가 기쁨을 누릴 수 있었던 이유는 무엇일
　까요?

_____

_____

_____

_____

Q. 지금 당신의 기쁨을 빼앗는 요소들이 있습니까? 그럼에도
　하나님 때문에 기뻐하는 삶을 살고 있습니까?

_____

_____

_____

_____

일상 속에서 기쁨을 누리다

삶이란 하루, 아주 작은 일들이 엮여져 만들어져 간다.
작은 아름다움에 도취되고 찬양할 수 있다면 삶은 활기를 얻는다.

　　조여 오는 현실에 갇히면 우울해지기 쉽다. 두려움, 염려, 근심과 같은 부정적 감정들은 일상의 주변에서 늘 배회하며 숙주를 찾고 있다. 기쁨을 빼앗기는 일은 자주 일어난다. 감정은 상황의 포로가 될 때가 많다. 상황에만 맡겨 놓으면 감정 파괴가 일어난다. 생각은 감정에 영향을 준다. 좋지 않은 생각을 계속하면 감정은 불행의 늪에 빠진다. 좋은 정보를 계속 주입하면 밝아질 수 있다. 바울은 생각을 강조한다.

끝으로 형제들아 무엇에든지 참되며 무엇에든지 경건하며 무
엇에든지 옳으며 무엇에든지 정결하며 무엇에든지 사랑받을
만하며 무엇에든지 칭찬받을 만하며 무슨 덕이 있든지 무슨
기림이 있든지 이것들을 생각하라 빌 4:8

이상한 내용의 드라마를 자꾸 보고 사건, 사고 뉴스를
계속 접하면 마음이 흔들린다. 좋지 않은 바이러스들이 현
대 문화 안에 많이 기생하고 있다.

의도적인 선택을 해야 한다. 과일을 먹으면서 그냥 먹
지 말고 맛을 음미하며 감탄사가 필요하다. 영어 단어
'savoring'은 현재 순간을 포착해서 마음껏 즐기는 행위를
의미한다. 밥을 한 끼 대충 때우려고 할 때가 많다. 소중한

한 끼의 식사를 즐길 줄 아는 것이 행복이다. 연구에 따르면, 행복한 사람들은 자신이나 가족, 친구들의 생일, 그리고 직장생활을 하면서 듣는 칭찬과 격려와 같은 일상적인 일들을 적극적으로 축하하고 누리는 사람들이라고 한다.

삶이란 대단한 것으로만 꾸며지지 않는다. 아주 작은 일에 긍정적인 반응을 하는 일상이 중요하다. 작은 일에 기뻐하고 즐거워하고 사랑하는 삶이 지혜다. 작은 일에 기쁨을 빼앗기지 않으면 승리한다. 작은 일에도 짜증을 내는 일이 잦아진다면 불행에 가까워져 있다.

작은 일은 작은 일이 아니다. 별일 아닌 일로 망가진 하루는 다시는 복원되지 않는다. 하루를 잃어버리는 것은 작은 일이 아니다. 삶이란 하루, 아주 작은 일들이 엮여져 만들어져 간다. 작은 아름다움에 도취되고 찬양할 수 있다면 삶은 활기를 얻는다. 돈을 많이 들여야 즐거워진다면 요원하다. 돈이 많아도 입맛이 없으면 식탁에 올려진 산해진미는 소용없다.

신앙이란 아름다움을 추구하는 것이다. 하나님은 아름다우신 분이다. 아름다움의 극치에 하나님이 계신다. 아름다운 것을 대할 때만 미소를 머금는 것이 영성이다. 하나님은 일상 속에서 기쁨을 선사하신다. 그분이 창조하신 세계는 아름답다. 아름다움을 추구하는 마음은 하나님이 주셨다. 마귀는 아름다운 것을 변질시키는 데 명수다. 아름다움을 파괴해 흉측스럽게 만든다. 대신 아름다운 곳에는 하나님의 마음이 스며들어 있다.

말씀 묵상을 하고 지속적인 기도 생활이 주는 축복은 밝고 아름다운 생각이 자리 잡게 한다는 것이다. 신앙은 긍정적인 삶으로 나아가도록 이끌림을 받는다. 신앙은 감사, 감동, 기쁨, 설렘, 희망, 만족, 평강, 경이와 같은 단어들과 가깝다. 환경이나 상황에 우리 자신을 내어 맡기지 말고 그리스도 안에서 삶을 그분께 온전히 맡겨 보라.

누가복음 15장에 등장하는 큰아들은 종교적 인물이었다. 계율은 지킬 줄 아는데 삶을 누릴 줄 몰랐다. 즐거워하는 잔치의 바깥에서 잔뜩 화가 난 얼굴을 하고 있었다. 외적 성실을 갖춘 모범생처럼 보이지만 억울한 얼굴을 한 어두운 감정의 소유자였다. 인간미가 없는 냉혹한 인간이었다. 음악의 리듬과 선율을 거부했고 춤을 출 줄 몰랐다. 그의 언어는 상처의 쓴물로 가득 찼다. 타인의 기쁨을 훼방하는 킬러였다. 불행한 인생이다.

왜 그렇게 망가졌을까? 신앙의 본질을 찾지 못하면 그렇게 된다. 하나님이 누구신지 모른 채 몇 가지 교리 암송이나 선행에 집중하다 보면 곁길로 빠진 종교 행위로 전락하고 만다.

오늘날 교회 안에도 하나님의 기쁨에 동참하지 못하는 사람들이 꽤 있다. 신앙생활을 하고는 있는데 얼굴이 어둡다. 기도를 하긴 하는데 불행한 얼굴이 역력하다. 전도는 하는데 내가 행복하지 않다면 이상한 일이다. 가장 먼저 해야 할 일은 하나님과 함께 기뻐하는 일상을 회복하는 것이다. 기쁨은 우리에게서 나오는 것이 아니라 하나님에게서 나온다.

주께서 내 마음에 두신 기쁨은 그들의 곡식과 새 포도주가 풍성할 때보다 더하니이다 시 4:7

하나님은 우울한 세상에서 우리가 기뻐하며 살아가기를 원하신다.

Q. 누가복음 15장에서 둘째 아들이 돌아온 상황에 대한 아버지
와 큰아들의 반응은 상반됩니다. 그 이유는 무엇입니까? 큰
아들은 왜 그렇게 반응했습니까?

_____

_____

_____

_____

Q. 당신은 공동체 안에서 하나님의 기쁨에 동참하는 사람입니
까? 혹시 최고의 예배를 드리는데 얼굴이 어둡지는 않습니
까? 당신의 내면을 들여다봅시다.

_____

_____

_____

_____

날마다 은혜를 긷다

영적 저수지에 은혜를 채워야 한다.
부요한 삶을 위해 성령께서 기쁨으로 우리의 영혼 안에 거하시도록
나를 내어 드려야 한다.

사람들은 지식이나 부를 축적하기 위해 노력한다. 그런 축적은 생활의 편리와 신분 상승을 제공해 주긴 하지만 삶의 질을 보장해 주지 않는다. 지식의 팽창과 물질적 풍요 속에서 파산을 맞은 사람들이 많다. 육체적 건강과 달리 영혼은 빈사 상태에 놓여 있기도 하다. 외적 성과에 비해 내적 결핍에 빠질 수 있다.

물질적 부는 영적 안일에 빠지게 하고 영혼을 쉽게 잠들게 한다. 삶의 풍요는 영혼의 부를 쌓을 때 찾아온다. 영

혼의 부요함은 하루아침에 이루어지지 않는다. 영적 세계는 도박의 세계와 거리가 멀다.

영적 순례는 종종 마라톤에 비유된다. 마라톤 초기, 1km 지점에서 1등 했다는 것은 별로 중요하지 않다. 암벽 등반과도 같이 중도에 포기하고 싶은 유혹을 이겨 내야 이 길을 갈 수 있다. 1-2개월, 혹은 1-2년이 아니라 평생의 작업이다. 영혼을 부지런히 지속적으로 돌보아야 한다. 익숙함이나 형식보다 진지함이 필요하다. 말씀과 기도의 축적이 필요하다. 영혼의 닻이 말씀에 깊이 내려지려면 시간이 필요하다. 깊은 기도는 세월을 곰삭혀야 한다.

분주한 시대는 모든 것을 피상적으로 대하게 한다. 영적으로 둔감해지고 신앙의 피상성을 극복하지 못하면 영혼은 깊은 나락으로 떨어진다. 진지함이 결여된 활동 위주의 신앙은 기능적으로 변한다. 기계적 묵상과 습관적 기도 생활을 반복하다 보면 불씨가 꺼진 화로가 될 수 있다. 누구나 영적으로 제자리걸음을 걷거나 만성적 권태에 빠져들 수 있다. 굳어진 틀을 깨지 않고 지루한 반복을 하면 생명력을 잃어버린다.

의도적으로 침묵의 시간을 만들고 깊은 묵상을 통해 영혼을 가꾸어야 한다. 하나님과 활짝 열린 생생한 만남이 없으면 공허한 일상이 펼쳐진다. 겉치레로 치장한 신앙으로는 오래 버틸 수가 없다. 자신도 이해하지 못하는 상투적 술어들을 내뱉는 영적 허영을 몰아내야 한다.

내면에서 흐르는 생각의 편린들을 감지하고 영혼의 탐사 작업을 통해 정화의 과정을 거쳐야 한다. 내적 상태를 꾸밈없이 하나님 앞에 노출시키는 용기가 필요하다. 영혼을 회복하려면 복잡한 내면의 상태를 정리해야 한다. 영적 재고 파악은 물론 거품 제거가 계속되어야 한다.

타락한 세상에서 영혼은 쉽게 오염된다. 마음이 분산되고 쫓기는 순간, 삶은 무의미한 허상에 집중하게 된다. 허상이란 실재하지 않는 거짓된 유혹이다. 현대인들은 현실에서 열심히 살지만 탈진되어 간다. 탈진의 끝은 소진이다. 겉으로는 화려한데 텅 빈 내면의 세계는 갈수록 훼손되어 가는 사람들이 많다. 바울은 사람의 겉모양의 쇠락과는 달리, 속사람인 영혼은 더욱 새로워져 갈 수 있다고 했다.

> 그러므로 우리가 낙심하지 아니하노니 우리의 겉사람은 낡아지나 우리의 속사람은 날로 새로워지도다 고후 4:16

시간의 흐름에서 삶의 마모를 막으려면 거짓된 목표에서 벗어나야 한다. 겉사람의 쇠퇴는 막을 수 없지만 영혼은 상승 곡선을 그려 갈 수 있다. 외적 세계보다 내면의 부요를 위해 관심을 쏟아야 한다. 표면적 활동과 내면적 활동의 균형을 맞추어야 한다. 화려한 성공을 이루었지만 불행하게 살아가는 사람들이 의외로 많다.

영혼의 상승 곡선을 그려야 한다. 세속적 충동을 거부하고 영혼의 질을 높이기 위한 노력을 멈추면 안 된다. 영적 저수지에 은혜를 채워야 한다. 부요한 삶을 위해 성령께서 기쁨으로 우리의 영혼 안에 거하시도록 나를 내어 드려야 한다.

세상적 탐욕의 줄을 끊고 늘 다가오시는 하나님을 외면하지 말고 즐거이 모셔 들여야 한다. 눈에 보이는 것이 아닌 하나님으로 충만하게 하는 일이 핵심이다. 자신의 힘으로 무엇인가를 채워 보려는 분주한 활동만으로는 오래 버텨 낼 수 없다. 영성은 기술이 아니고 방법을 개발해야 하는 일도 아니다. 다가오시는 하나님과 내밀한 만남이면 된다.

늘 깨어 있는 내면 상태를 유지하는 일도 어려운 일이다. 매일 하나님을 새롭게 만나고 경험하는 일보다 더 우선되는 일은 없다. 새로운 시작은 하나님과 함께할 때 일어난다. 하나님은 언제나 새로우신 분이다. 하나님과 대면하는 일, 존재의 모든 것을 걸고 하나님과의 밀도 높은 만남을 지속할 때 진정한 풍요가 밀려온다.

Q. 진정한 풍요는 어디에서 옵니까? 지금 당신은 그 풍요를 누리고 있습니까?

_____

_____

_____

_____

Q. 영적 순례는 마라톤과 같습니다. 당신은 순례의 길에서 포기하고 싶었던 경험이 있습니까?

_____

_____

_____

_____